국제적 관점에서 본
통일법제 이해

임형섭 변호사
(법무법인 광장)

프라미스

국제적 관점에서 본
통일법제 이해

추천사

통일은 국민의 주요 관심사였지만, 시간이 흐르면서 국민의 의식 속에서 통일에 대한 관심과 논의의 무게가 약해지고 있다. 남북관계의 구조적 변화에서 비롯된 것도 있겠지만, 한국인을 둘러싼 경제적 사회적 환경의 변화로 통일을 향한 인식이 바뀐 탓도 있으리라 짐작한다. 그럼에도 통일의 필요성이나 당위성이 한국인들의 의식 저변에 자리하고 있음 또한 사실이기에, 통일 관련 연구는 소홀히 되어서는 아니 된다.

통일 이슈는 정치성과 법적 성질의 양면성을 갖고 있다. 미국 트럼프 대통령과 북한 김정은 위원장의 직접 대화가 이어지면서 정치적 인화성이 극대화되면서 법적 측면이 가려지기도 했다. 과장된 정치성이 폭발하면서 한반도 문제가 미국과 북한간의 게임 같은 이벤트로 남게 되었다. 법적 요소의 면밀한 검토를 기반으로 남북문제에 접근하여야 하는 명백한 이유를 재확인하게 된 계기가 되었다.

한반도 문제의 핵심 주체는 대한민국 국민과 북한 주민이어야 하는데, 정치적 이벤트로 등장했다 거품처럼 꺼지고 만 것이다. 한반도 문제, 특히 통일 문제가 정치적이지 않다거나 정치성을 배제해야 한다는 말이 아니다. 진정한 통일을 추구하기 위해서는 그 과정이 투명해야 하고, 한반도에 사는 사람들의 통합을 기반으로 하는 것이어야 한다. 그러기에 통일 문제의 근간이 될 수 있는 법적 쟁점을 명확히 이해하고, 보편타당한 구조 속에서 해법을 찾는 노력이 요구된다.

그러한 배경에서 임형섭 변호사의 역작인 《국제적 관점에서 본 통일법제의 이해》는 통일의 본질적 요소를 들여다본 저서로 평가받을 만하다. 통일을 향한 과정에서 법제의 중요성을 강조하고, 그에 맞춰 주역이 될 미래세대의 눈높이에서 관련된 법제를 실용직 관점에서 접근하고 있기 때문이다. 남북분단의 실질적 배경을 짚어내는 측면에서 국제사회의 대북제재가 갖는 의미 등에 대해서도 충실히 기술하고 있다. 이에 더해 미국이 왜 북한에 대한 경제적 외교적 제재를 하려는지, 그 근본적 이유를 짚어 법리적 관점에서 해제 프로세스를 평가하고 분석하고 있다.

이어서 기술된 내용들은 통일 이후를 대비한 법적 수요와 해법에 초점을 맞춘 것이다. UN SDGs를 기반으로 환경 보호의 필요성을 전제로 환경법제 통합 방향을 제시한 것은 통일을 위한 공감대 구축과 신뢰성 제고의 유효한 수단이 될 수 있음을 지적하고 있다. 통일 이후 전개될 북한의 불법행위에 대한 손해배상청구와 관련된 법률적 쟁점을 20여 년간의 실무로 축적한 지식으로 섬세하게 풀어내고 있는 점도 눈여겨볼 대목이다.

이처럼《국제적 관점에서 본 통일법제의 이해》는 국제법적 측면의 쟁점과 행정 및 민사적 관점의 실질적 해법을 검토하였다는 점에서 큰 의의가 있다. 임 변호사는 소송 전문변호사이면서 통일법제와 남북경협 분야의 전문변호사이기도 하다. 그런 전문성을 인정받아 2023년 Chambers and Partners는 북한법 분야의 Leading Individuals로 선정한 바 있다. 서문에서 로스쿨 학생을 주요 대상으로 언급하였는데, 대학원생인 로스쿨 학생들이 종래 법과대학 학부생보다 전문적인가에 대한 의문이 증폭되고 있는 시점이기에 더욱 큰 의미가 있다. 저자의 수많은 시간과 노력이 통일 과정의 이정표로 역할을 하고, 법조계의 미래가 될 로스쿨 학생들에게 새로운 동기와 지향점을 제시할 수 있기를 소망한다.

2024년 4월
성 재 호
성균관대학교 법학전문대학원 교수
미래정책대학원 원장

추천사

한반도는 강대국 간 힘의 충돌 최전선에 위치하여 세계질서 변화에 민감하다. 가장 먼저 긴장이 조성되는 반면 가장 늦게 해빙되는 '특수성'이 존재한다. 동시에 한반도는 19세기 숙제를 21세기형으로 풀어내야 하는 도전에 직면해 있다. 민족국가 간 갈등을 넘어서 통합을 이뤄낸 후 21세기 과제를 수행하는 유럽에 비견할 때 한반도는 두 세기의 세계사적 숙제를 단기간에 수행하여 '보편성'을 확보해야 하는 부담이 크다. 임형섭 변호사가 본서에서 주장하는 '한반도 천동설'과 '글로벌 세대' 간극이다.

이 책은 이 둘을 아우른다. 통일을 짊어지고 갈 MZ 세대의 통일 지지율이 30%를 밑도는 현실(서울대 통일평화연구소 2022년 설문)에서 미래세대를 향한 외침은 필요하다. 단순히 국내 상황만을 반영한 담론이 아닌, 저자도 강조했듯이 "현 단계의 국제질서 속에서 남북관계를 어떻게 풀어나가야 하는지"를 기술한 것은 적합하다. 우리 MZ 세대는 한반도에 국한된 사고가 아닌 세계를 이끄는 문화적 성취를 실제 체험하고 있으므로 국제사회의 보편적 원칙과 규범으로 통일을 설득하는 것이 주효할 것이다.

동시에 이 책은 가장 민감하면서도 논란의 여지가 큰 대북제재 문제를 정면으로 다뤘다. 한반도 문제이자 세계 의제인 북한 핵 문제를 다루면서 제재에 대한 이해는 보편성과 특수성을 확인하는 핵심 분야이다. 법률 전문가로서 오랫동안 이 문제에 천착해온 임 변호사의 전문성이 돋보인다. 동시에 계속 미룰 수만은 없는 남북 간 교류협력을 위해 제재 하에서도 협력이 가능한 환경 분야를 세계 차원의 SDG와 연계하여 분석한 것은 꽉 막힌 남북관계에 하나의 서광으로 비춘다.

마지막으로 이 책은 새로운 남북관계 패러다임 마련을 위한 구체적인 정책 제안을 포함한다. 김정은 총비서가 선포한 북한 독립선언에 한국이 어떻게 통일이라는 포기할 수 없는 국가 목표를 끌어갈 것인지에 대한 혜안을 제시한다.

통일은 반드시 이루어진다. 저자도 밝혔듯이 중요한 것은 준비 여부이다. 반목, 갈등, 전쟁이 없는 한반도를 기대하는 모든 이에게 일독을 권한다.

2024년 4월
박 원 곤
이화여자대학교 교수, 통일학연구원장

 서문

디커플링(de-coupling)에서 디리스킹(de-risking)으로

북한 김정은 국무위원장은 최근 남북한의 관계를 적대적 두 국가 관계로 규정하고 대남전략을 변경하는 과정에서 김일성-김정일 시대의 선대 유산까지 부정하는 이례적인 행보를 보이고 있다. 즉 북한 김정은 국무위원장은 2023년 말 전원회의에서 "당 중앙위원회 통일전선부를 비롯한 대남사업 부문의 기구들을 정리, 개편하기 위한 대책을 세우라"고 지시한 후, 2024년 1월 15일 최고인민회의 제14기 제10차 회의에서 조국평화통일위원회와 민족경제협력국, 금강산국제관광국을 폐지하기로 결정하였다.[1]

특히 김정은 위원장은 1972년 7·4 남북공동성명에 명기된 '조국 통일 3대 원칙'인 '자주, 평화, 민족 대단결'이라는 표현도 헌법에서 삭제해야 한다고 말하면서, "수도 평양의 남쪽 관문에 꼴불견으로 서 있는 '조국 통일 3대 헌장 기념탑'을 철거해 버리는 등의 대책"도 실행하라고 지시했고, 실제 철거가 이루어진 것으로 보인다.[2] 참고로 조국 통일 3대 헌장은 평화·통일·민족 대단결의 조국 통일 3대 원칙, 전 민족 대단결 10대 강령, 고려민주연방제 통일방안 등 김일성 주석이 제시한 통일원칙으로서, 북한은 김일성 주석의 '통일유훈'을 기리기 위해 2001년 '조국 통일 3대 헌장 기념탑'을 준공했다.

북한의 이러한 행보는 대한민국과 '헤어질 결심'을 한 것으로서, 북한판 디커플링(de-coupling) 전략으로 보인다. 이렇게 남북 관계가 급변하는 가운데, 현재 대한민국에서는 과거 통일 문제에 관심이 있던 많은 전문가가 이탈하고 있고, 특히 통일법제 분야는 더 심각하다. 로스쿨 제도가 도입되어 법률 전문가들이 다양한 분야에 진출하여 활동하는 것과 비교하면, 통일법제 분야에 법률 전문가들이 부족한 현실은 남북 관계의 실상을 그대로 보여 주는 단면이다.

　　그러나 한반도의 평화와 통일 문제는 5,000만 대한민국 국민의 생존권과 번영에 직결된 문제일 뿐만 아니라 8,000만 한민족의 운명을 좌우하는 문제라는 점에서 결코 경시되거나 외면되어서는 안 된다. 일각에서는 우리가 통일을 선택할 수 있다고 생각하지만, 독일 통일에서 보는 바와 같이 한반도 통일은 어느 순간 갑작스럽게 찾아올 수 있다. 한반도 통일이 국운 융성의 계기가 될지, 국가적 재앙이 될지는 결국 우리가 얼마나 준비되어 있는지와 관련이 있다. 즉 거대한 파도가 몰려올 때 미리 대비를 해 놓으면 파도를 타는 서핑이 되어 더 높은 곳을 향해 날아오를 수 있지만, 마치 감나무 아래에서 감이 떨어지기를 바라는 것처럼 아무런 준비 없이 통일을 맞이한다면 그것은 재앙일 수 있다.

　　역사의 경험이 말해 주듯이, 한반도의 지정학적 특성상 대륙 세력과 해양 세력이 균형을 이룰 때는 북위 38도선을 경계로 세력 균

형이 이뤄지지만, 어느 한순간 한쪽 세력이 힘을 잃어버릴 때 한반도가 대륙 세력 또는 해양 세력으로 편입되었던 역사적 경험이 있다. 그러한 점에서 한반도 통일은 우리의 선택이 아닌 국제질서의 한가운데 세력 변이에 따라 갑작스럽게 이뤄질 수 있다는 것도 염두에 두고 철저히 대비해야 한다.

결국 한반도 통일로 대한민국의 평화와 번영이 이루어지기 위해서는 시시각각 변하는 국제정세를 분석하고, 우리의 역량을 키워(주도당하는 것이 아니라) 국제질서를 주도하며, 한반도 통일이 소프트 랜딩(soft landing)할 수 있도록 법제도적으로 잘 준비해야 한다.

그러한 점에서 통일법제 준비는 당장 눈에 보이는 성과를 가져오지는 않지만, 독일이 법제도를 통해 통일을 완성했던 사례에서 보는 바와 같이, 사회 혼란을 막고 통일 시대를 안착시키는 데 통일법제의 역할은 매우 중요하다. 따라서 남북 관계의 변동과 상관없이 통일의 때를 대비하는 통일법제 준비는 아무리 강조해도 지나침이 없다. 대홍수의 때를 예견하여 노아가 방주를 준비했던 것처럼, 지금 남북 관계가 경색되는 엄혹한 시기에서도 노아의 방주와 같이, 한반도 평화와 통일 시대를 준비하기 위한 통일법제 준비는 계속되어야 한다.

한편, 2019년 하노이 북·미 정상회담의 결렬과 2020년 북한 당국에 의한 남북공동연락사무소 폭파 행위는 이제 남북 관계가 기존의 패러다임으로는 더 이상 작동되지 않는다는 것을 보여 주는 상징적인 사건이다. 즉, 이러한 사건들은 기존의 남북 대결에 의한 체제 경쟁이나 햇볕 정책으로 명명된 대북 포용 정책만으로는 남북 관계가 정상적으로 작동될 수 없고, 이제 새로운 남북 관계를 위한 패러다임을 준비할 때가 되었음을 알려 주는 경종인 것이다.

독일이 1990년 영토적·정치적 통합을 한 이후 30년 이상에 걸쳐 법제도를 통해 통일을 완성해 간 역사적 선례에 비춰볼 때, 한반도 통일 역시 물리적 통합 이후 진정한 통일(화학적 결합)을 이루려면 최소 30년 이상의 시간이 걸릴 것으로 예측된다. 이 지점에서 저자가 강조하고 싶은 부분은, 통일 시대는 바로 우리 미래 세대가 이뤄 가야 할 역사적 과제이자 사명이며 삶 그 자체라는 점이다. 그런 점에서 과거의 기성세대가 만든 통일 담론은 위 사건들로 인해 이제 시효가 다 되었고, 통일 및 통일 이후 과정을 살아가야 할 미래 세대에 맞는 새로운 통일 담론을 형성할 때가 되었다. 과거의 통일 담론은 국제질서와 국제적 환경을 도외시한 채 '우리 민족끼리'를 강조한 남북 관계 특수론에만 몰입되어 있어 '한반도 천동설' 관점에서의 통일운동을 해왔다는 점을 지적하지 않을 수 없다.

이제 대한민국은 10대 경제 강국 및 6대 군사 대국이라는 '하드파워'와 K-한류를 통해 세계적인 영향력을 미치고 있는 '소프트파워'가 결합된 '스마트파워'를 가진 국가로 진화되고 있다. 이는 곧 이미 대한민국이 '글로벌 중추 국가'가 되었다는 것을 의미한다. 특히 통일 시대를 살아갈 미래 세대는, 우리 민족의 특수성뿐만 아니라 세계 속에서 대한민국을 바라보고 대한민국을 통해 세계를 바라볼 수 있는 안목, 즉 국내적 관점과 국제적 관점을 모두 가지고 있는 글로벌 세대이기도 하다.

그런 점에서 저자는 국내적 관점뿐만 아니라 국제적 관점에서 통일 문제를 새롭게 이해하는 것이 필요하다고 판단하였다. 기존의 담론들은 주로 국내법적 관점에서 다룬 이슈들이 많으므로 굳이 저자가 강조하지 않더라도 잘 정리된 서적이나 논문을 참고하면 충분할 것이다. 이 책은 과거의 전통적인 방식의 통일 담론보다는 현 단계의 국제질서 속에서 남북 관계를 어떻게 풀어 나가야 하는지, 국제적 관점에서 통일법제를 어떻게 바라봐야 하는지에 방점을 두었다. 그래서 이 책은 통일과 관련된 국내법적 이슈에 대해서는 다루지 않고, 주로 국제적 관점에서 쟁점이 될 만한 주요한 내용을 다루었다.

먼저 제1장에서는 통일 시대를 살아갈 미래 세대들을 위한 통일법제 필요성을 강조하였고, 제2장에서는 현재 한반도 문제를 규율하고 있는 국제질서인 '국제사회의 대북 제재'에 대한 내용을 논의하였다. 국제사회의 대북 제재는 대표적으로 유엔 안보리 결의에 의한 다자 제재와 미국의 독자적 대북 제재가 유의미한데, 이를 중심으로 국제사회의 대북 제재의 핵심적인 내용을 살펴보았다. 제3장에서는 미국의 경제 제재가 해제되거나 완화되었던 다른 국가의 선례를 참고하여 미국의 대북 제재 해제 프로세스를 전망해 보았다. 제4장에서는 북한의 비핵화 협상이 완료되기 전까지 국제사회의 대북 제재가 상존하는 상황에서 남북 간 교류 협력이 비교적 용이한 '환경 분야'를 중심으로 북한이 관심을 가지고 있는 "유엔 SDGs를 통한 남북한 환경법제 통합 방안"에 대해 살펴보았다.

이처럼 이 책은 주로 국제적 관점에서 통일 문제를 바라보았지만, 다른 한편으로는 국내법적으로 가장 중요한 이슈이면서도 기존 논문이나 서적에서 다루지 않는 새로운 국내법적 쟁점도 일부 다루어 미래 세대들이 가장 최신의 통일법제 이슈를 이해하도록 하였다. 그래서 제5장에서는 최근에 가장 이슈가 되고 있는 "북한의 불법행위에 대한 손해배상 청구와 관련된 법률적 쟁점"을 다루었다. 즉 북한 당국이 남북공동연락사무소를 폭파하고 개성공단을 무단으로 사용하는 등의 불법행위를 행하여 그에 대한 법적 조치의 필요성이 대두되고 있으나, 국제법적으로 이를 해결할 수 있는 방법이 현재로서는 마땅치 않다. 이러한 문제의식 하에서 북한 당국의 불법행위에 대해 부득이 국내 법원에서 소송을 진행할 경우의 법률적 쟁점에 대해 검토하였다. 제6장에서는 이 책의 결론적인 내용으로 기존 통일 담론의 한계를 살펴보면서 이제 새로운 남북관계 패러다임의 전환을 위한 제언을 담았다.

이 책은 저자가 그동안 남북관계와 관련된 분야를 연구한 성과를 모은 것으로서 다른 책과는 다르게 현실적이고 실용적이다. 특히 미래 시대 통일법제 전문가로 양성될 로스쿨생들을 대상으로 집필하긴 했으나, 평소 통일 문제에 대해 관심이 있는 법률가나 일반인에게도 유용하리라 생각한다. 부디 이 책을 통해 미래 세대들이 통일법제에 관심을 가지고 저자와 함께 노아의 방주를 준비하기를 기대하며, 이 책을 미래 세대에게 바친다. 마지막으로 이 책이 나오기까지 내조와 배려를 아끼지 않았던 사랑하는 아내 이지연과 딸 임하진, 아들 임도한에게도 감사의 마음을 표하고 싶다.

2024년 4월 봄날
임형섭 변호사 드림

 목차

추천사 | 성재호(성균관대학교 법학전문대학원 교수, 미래정책대학원 원장) _ 4
　　　　박원곤(이화여자대학교 교수, 통일학연구원장) _ 8

서문 _ 10

제1장	미래 세대를 위한 통일법제 필요성	19
제2장	국제사회의 대북 제재 이해	31
제3장	미국의 대북 제재 해제 프로세스 전망	73
제4장	유엔 SDGs 통한 남북 환경법제 통합 방향	131
제5장	북한의 불법행위에 대한 손해배상 청구 시 법률적 쟁점	173
제6장	결론	213

미주 _ 220

제1장

미래 세대를 위한 통일법제 필요성

I. 미래 세대를 위한 통일법제 필요성

대한민국은 제2차 세계대전 후 광복, 남북 분단, 한국전쟁, 그리고 정전 협정 등을 거치면서 산업화, 민주화, 선진화를 이룩했고, 이제는 '글로벌 중추 국가'의 비전을 가지고 미래를 향해 나아가고 있다. 그러나 안타깝게도 통일에 대한 문제에 있어서는 아직도 "우리의 소원은 통일" 유의 민족적인 감성에만 의존하려는 경향이 있는 등 과거에 머문 채로 새로운 비전을 제시하지 못하고 있다.

과거 한국전쟁으로 인해 불가피하게 이산가족이 된 사람들에게는 그 어떤 이념이나 경제적 실리보다도 통일이 되어 다시 한가족으로 사는 것이 절대적인 가치였다. 그렇기 때문에 "우리의 소원은 통일"이라고 외칠 수 있었고, 국민들 대다수가 이산가족의 아픔을 직접 경험하거나 주위에서 이산가족을 쉽게 만날 수 있었으므로 이러한 레토릭은 자연스럽게 받아들여졌다.

그러나 수십 년에 걸쳐 인구의 질적 구성이 변화되면서, 소위 X세대라고 불리는 90년대 학번, 70년대생 이후부터는 주위에 이산가족을 쉽게 찾아볼 수 없었고, 현재 미래 세대의 주역들인 MZ세대에게서는 남한과 북한이 한민족이라는 민족적 감수성과 문화적 정체성도 찾아보기 힘든 상황이다. 결국 과거와 같이 "우리의 소원은 통일"이라는 민족적 감성에 호소하는 통일 논의는 이제 역사의 종언을 맞고 있는 셈이다.

저자가 통일 문제에 관심을 가지게 된 것은 1996년 북한의 대량 아사 사태인 소위 '고난의 행군' 때이다. 당시 저자는 북한 주민들이 굶주림으로 수백만 명이 죽어 가고 있다는 소식을 듣고서 민족적 감성이 아닌 인류애적 관점에서 분단 체제의 모순과 문제점을 보게 되었고, 대한민국의 미래와 번영을 위해서는 '분단'이라는 장애를 극복해야만 한다는 관점을 가지게 되었다. 그래서 1996년부터 통일 문제에 깊이 천착하였고, 통일을 준비하기 위한 법률가가 되기 위해 정진하여 현재에 이르고 있다.

이처럼 X세대 통일법제 전문가인 저자 또한 민족적 감성으로 인한 통일운동보다는 대한민국의 미래 비전과 북한 주민들에 대한 인류애적 관점에서 통일 문제에 관심을 가지게 된 것만 보더라도 알 수 있듯이, 미래 세대인 MZ세대에게 민족적 감성에 호소하는 '우리의 소원은 통일' 유의 통일운동은 더 이상 호소력이 없다. 단적인 예로 2018년 평창동계올림픽 당시 여자 아이스하키 단일팀 구성에 있어 당시 젠더 문제로 갈등을 겪고 있던 20대 남녀 청년들이 '공정' 이슈를 가지고 모처럼 한목소리를 내며 강하게 반발한 것만 보더라도 이를 알 수 있다.

저자가 《국제적 관점에서 본 통일법제의 이해》라는 책을 집필하기로 마음먹은 계기 중 하나도 바로 평창 동계올림픽 사건이다. 저자가 통일부, 법무부, 법제처 등 통일법제 관련 유관 부처의 자문위원으로 활동하면서 안타까웠던 점은, 아직도 많은 분들이 과거의 '우리의 소원은 통일' 유의 통일관을 가진 반면 미래 세대인 젊은 세대의 통일 감수성에 대한 이해가 없었다는 점이다. 세대 연결자로서 97세대의 숙명과 같이 저자는 이러한 선배들의 통일관에 대해서 어느 정도 동감한다.

또 다른 한편으로, 저자가 대학교 초청으로 통일 관련 강연에 나갈 때 직접 만나는 대학생들과 토론하다 보면 '통일을 하면 좋지만, 그렇다고 내 삶에 피해가 오는 것을 감수하면서까지는 하고 싶지 않다'라는 기류를 느낀다. 이는 우리 사회의 일각에서 걱정하는 것과 같이 우리 청년 세대가 통일에 대해 무관심한 것이 아니라, 누구보다도 통일에 대한 문제에 대해서 현실적, 실리적으로 바라보고 있다는 방증이다.

그러는 사이에 앞서 얘기한 평창 동계올림픽 사건이 발생하였고, 이제는 '우리의 소원은 통일' 유의 민족적 감성에 호소하는 통일 담론이나 '통일은 대박' 유의 막연한 통일에 대한 환상을 안겨 주는 이상적인 담론이, 현실적이고 실리적인 미래 세대[3]에게 새로운 대안을 제시해 줄 수 없다고 생각하기 시작했다.

이후부터 저자는 정부 유관 부처 자문회의나 통일연구원, 대학생 강연 등에서 '분단 체제의 장애'보다는 '분단 체제의 역설'을, '통일 선택론'에서 '통일 숙명론'으로 논지를 바꾸어 설득하기 시작했다.

먼저 '분단 체제의 역설'을 살펴보자. 그동안 우리는 분단이라는 체제로 인해 고통받고 있다는 인식이 강했다. 물론, 분단과 한국전쟁으로 인해 수많은 피해자가 발생했고 역사상 우리 민족에게 가장 비극적인 시기였다는 점에서, 대한민국 공동체의 일원으로서 애통한 마음을 금할 수는 없다. 그러나 저자가 여기에서 강조하고 싶은 것은, 우리 위대한 국민들은 한국사의 비극마저도 새로운 발전의 원동력으로 만드는 저력이 있다는 점이다. 대한민국은 한국전쟁 이후 북한과의 체제 경쟁을 통한 우월성을 입증하기 위해 북한보다 잘살아야 한다는 정신이 '새마을운동'으로 나타났고, 이러한 정신 혁명운동이 1980년대 한강의 기적을 이뤄 내는 밑바탕이 되었다. 이후 대한민국은 중진국에 들어서자 진정한 자유민주주의 국가로 거듭나기 위한 민주화 운동을 하였고, 그것이 1987년 직선제 개헌을 통한 87체제를 형성하는 데 크게 기여하였다. 여기서 우리가 잊지 말아야 할 것은, 대한민국의 민주화는 당시 일부 학생운동을 한 사람들의 전유물이 아니라는 점이다. 당시 대한민국 국민으로서 생업에 종사했던 '넥타이 부대'로 상징되는 일반 시민들이 자유민주주의를 위해 주도적으로 1987년 6월 민주항쟁에 참여하였고, 이를 통해 민주화가 이루어졌다.

이처럼 대한민국은 '분단의 역설'로 북한과의 체제 경쟁을 통해 산업화, 민주화를 이루었다. 그리고 X세대를 비롯하여 대학 시절부터 전 세계를 경험하며 자유와 창의를 체득한 이들이 현재 대한민국의 K-컬처 붐인 한류를 일으키고 있고, 이제 대한민국의 소프트파워는 글로벌 중추 국가라는 용어가 낯설지 않게 만들었다. 돌이켜보면 이 모든 시간들이 분단의 역설이 주는 과실이 되었다.

물론 우리는 '분단'이라는 현실로 인해 언제 전쟁이 나도 이상할 것이 없는 '안보 리스크' 한복판 가운데 살고 있으며, 이로 인한 '코리아 디스카운트'가 사회 전 영역에 있는 것 또한 부인할 수 없다. 그러나 우리의 선조들과 선배들은 어떤 어려운 현실이나 장애물이 있다고 하더라도 현실에 안주하거나 좌절하지 않고 이를 극복하였던 '회복탄력성'이 있었고, 이것이 바로 선진국인 대한민국의 정체성임도 부인할 수 없다.

저자는 바로 이러한 세계관을 미래 세대에게 강조하고 싶다. 역사에 가정은 있을 수 없지만, 만약 일본 패망 이후 미국이 소련군을 38도선에서 저지하지 않아 한반도가 공산화되도록 방치했다면 지금쯤 한국은 사회주의 종주국인 소련이나 중국의 위성국가로 전락했을 가능성이 있다.

결국 대한민국의 국민들은 분단의 고통이 주는 상황을 장애물이 아닌 디딤돌로 삼아 분단의 역설을 만들어 내는 기적을 이루었다는 점에서, 대한민국의 산업화, 민주화를 거쳐 선진화를 성취한 선배들의 노고에 후배로서 깊은 존경을 표하지 않을 수 없다. 월남과 같은 사례를 보더라도 분단이 되었다고 하여 분단의 역설로 산업화와 민주화를 이루는 것이 결코 쉬운 일이 아님을 잘 알 수 있다. 공동체 구성원들의 끊임없는 노력과 희생, 그리고 이를 이끌 리더십이 있어야 가능성이 있는 일이다.

이러한 관점에서 현재 '분단의 상황'에 대해 좌절하거나 숙명론을 받아들일 것이 아니라, 오히려 '분단의 역설'로 새로운 도약을 할 수 있는 힘이 바로 대한민국에게 있다. 그래서 앞으로 우리 앞에 어떠한 장애물이 있더라도 대한민국의 정체성인 '회복탄력성'을 통해 장애물을 디딤돌 삼아 역사의 진보로 나갈 수 있다는 비전을 대한민국의 미래 세대에게 제시해 줄 필요가 있다.

다른 한편, 우리 공동체가 가져야 할 관점은, 그동안 '분단의 상황'

이 분단의 역설로 작용한 것은 사실이기는 하지만, 분단 리스크가 상존하는 것 역시 사실이므로 경각심을 가지고 한반도의 위기 상황을 잘 관리하는 것도 중요하다는 것이다. 이러한 관점에서 저자는 앞으로 다가올 통일이라는 숙명을 있는 그대로 직시하고, '통일 대박'이라는 환상보다는 '통일로 인한 혼란과 사회적 비용을 줄이기 위해서라도 실질적인 통일 준비가 필요하다'라는 취지로 '통일숙명론'을 이야기한다. 2030년대 이후에 통일이라는 정치 사회의 대변동이 일어날 가능성이 있는데, 우리가 통일을 원하지 않는다고 하여 통일이라는 사회 현상이 발생하지 않는 것은 아니다. 결국 이 시점에서 우리에게 필요한 일은, 태풍이나 쓰나미가 몰려올 때 아무런 대비 없이 막연히 태풍이나 쓰나미가 한반도를 비켜 가기를 기대하기보다, 태풍이나 쓰나미가 올 것을 미리 염두에 두어 제방을 더 든든하게 쌓는 일이다. 대비를 해야 그 혼란과 피해를 최소화할 수 있는 것처럼, 앞으로 다가올 통일이라는 정치·사회·경제의 대격변 속에서 어떻게 위기를 극복하고, 이를 오히려 디딤돌로 삼을 수 있는지 실제적으로 준비할 필요가 있다. 그리고 바로 그 시작과 끝이 "통일법제 준비"이다.

즉, 남북한이 통일되었을 때 통일법제 전문가들은 제일 먼저 남과 북의 법과 제도를 통합함으로써 사회적 혼란을 최대한 방지하고, 모든 시민들의 인권과 자유를 보장하는 공평한 법 집행이 되도록 통일법제를 정비하는 데 앞장서야 한다. 통일된 국가에서 모든 시민들이 정치적으로 참여할 수 있는 기회와 환경을 조성하여, 자칫 통일로 인해 정치적으로 소외되는 계층이 발생되지 않도록 법제도적으로 잘 준비할 필요가 있다. 그리고 남북한의 경제적인 통합을 통해 북한 지역의 경제 활동을 촉진함으로써 남북 간의 빈부 격차가 발생하지 않도록 사전에 예방하고, 이를 계기로 통일한국의 경제가 번영하도록 투자 유치 제도를 현실에 맞게 정비할 필요가 있다.

또한 장기간 분단으로 인해 교육과 문화 면에서 많은 괴리감이 있을 것인데, 진정한 통일을 위해 남북의 서로 다른 역사와 가치관을 존중할 수 있는 교육체계를 만들고 문화를 통합할 수 있는 제도를 만들어야 한다. 물론 서로의 역사와 가치관을 존중한다고 하더라도, 통일한국의 본질적인 가치인 자유·인권·법치·공정의 가치는 훼손되지 않고 준수되어야 한다.

이상과 같이 "통일법제 준비"는 단순히 남과 북의 정치적인 통합 선언을 뒷받침해 주는 데 그치는 것이 아니라 정치·경제·사회·교육·문화 등 우리 실생활 모든 방면에 있어서 필요하다. 결국 "통일법제 준비"는 통일 및 통일 이후의 사회 통합에 기여함으로써 미래 세대의 번영과 안전을 보장하고, 통일된 국가의 지속 가능한 발전을 이루는 데 필수적인 요건이라는 점에서 우리 세대가 가져야 하는 중요한 역사적 사명이다.

한편, 우리 사회 일각에서는 통일이라고 하면 통일로 인한 사회 혼란과 비용을 걱정하여 막연히 통일에 대한 거부 반응을 보이는 것도 사실이다. 그러나 대한민국은 사회 문제가 발생했을 때 잠시 혼란을 겪지만, 어느새 우리 민족의 정체성인 '회복탄력성'으로 이를 극복하여 발전의 기회로 삼아 온 역사적 경험과 DNA가 있다.

실례로 한국전쟁 이후 폐허로 된 이 땅을 개발하기 위해 원조 경제에만 의존하지 않고 국가경제발전계획을 세워 한강의 기적으로 만든 것도 우리이고, 1970년대 미중 관계 개선으로 주한미군 철수가 현실화되자 그 위기를 자주국방의 기회로 삼아 현재 방위산업 대국이 된 것도 우리이다. 또한 1997년 IMF 경제 위기를 겪고 이를 극복하는 과정에서 삼성, 현대와 같은 국민기업들이 글로벌화하여 대한민국을 선진국으로 이끈 글로벌 기업이 된 것도 우리이고, 중국의 한한령(限韓令)으로 인해 그동안 중국에 의존해 왔던 대한민국의 문화산업이 이를 극복하는 과정에서 세계화를 추구해 현재의 K-컬처 한류를 이끌어 왔던 것도 우리이다.

이처럼 대한민국은 위기와 시련이 올 때 오히려 이를 기회로 삼아 더 발전하는 역량이 있는 K-DNA가 있다. 그러한 점에서 한반도의 통일이라는 지정학적 변수와 정치·사회·경제의 대변혁이 일시적인 사회 혼란을 가져다줄 수 있지만, 우리의 역량은 오히려 이를 기회 삼아서 더 발전하는 계기로 만들 것을 확신한다. 이 모두는 앞으로 다가올 통일이라는 태풍과 쓰나미를 우리가 어떻게 잘 준비하는지에 달려 있다.

다시 한번 강조하지만, 우리는 준비만 할 수 있다면 어떤 난관도 극복할 수 있는 K-DNA가 있다. 만약 미래 세대 일각에서 가지고 있는 생각처럼 막연히 통일이 싫다는 이유만으로 이를 외면하거나 아무런 준비를 하지 않는다면, 대한민국의 성공 신화는 한반도의 지정학적 리스크와 통일이라는 태풍과 쓰나미에 휩쓸려 가 버릴지도 모른다.

이상과 같이, 기존의 통일 담론은 실용적이고 현실적인 미래 세대에게 호응을 얻기 어렵다. 또한 이미 한반도 통일은 '민족 내부의 문제'에서 '글로벌 안보 이슈'가 되었다는 측면에서도 기존의 민족 내부의 특수성에 입각한 통일 담론은 더 이상 미래 세대에게 효용이 없다. 특히 우리의 미래 세대와 동일하게 MZ세대인 북한 김정은 위원장의 2010년 집권, 2017년 '북한의 핵무력 완성 선언'과 이에 따른 국제사회의 대북 제재로 인해 남북한의 상황은 (과거와 질적으로 달라져) 더 이상 민족 내부의 특수성만으로는 해결할 수 없는 복잡한 양상을 띠게 되었다. 기존의 통일 담론들은 북한의 제4차 핵실험과 이로 인한 국제사회의 대북 제재가 본격적으로 시작된 2016년 이후의 국제질서와 한반도의 지정학적 특수성을 담아 내지 못하고 있어, 실용적이고 합리적인 미래 세대에게 큰 도움이 되지 못한다.

그래서 이 책은 국제적 관점에서 본 통일법제의 이해로서, 현재 한반도의 지정학과 남북관계에 가장 큰 영향을 미치고 있는 '국제사회의 대북 제재'에 대한 이해를 전제로 국제적 관점에서 통일법제 이슈를 논할 것이다. 그리고 이란, 베트남 등 과거 미국의 독자적 경제 제재가 해제된 사례를 중심으로 미국의 대북 제재 해제 프로세스도 전망해 볼 것이다. 한편, 북·미 간의 비핵화 협상이 타결된다고 하더라도 현실적으로 북한의 완전한 비핵화를 위해서는 최소 10년 이상의 장기 플랜이 필요하다.

북한 영변 핵시설을 직접 시찰한 미국의 핵과학자 지그프리드 해커 박사가 미국 스탠퍼드대 국제안보협력센터와 함께 작성한 "기술적 관점에서 본 북한 비핵화 로드맵" 보고서에 따르면, 비핵화 1단계인 1년에는 핵 관련 군사·산업 활동과 인적 운용을 중단하고, 2단계인 2~5년에는 핵 관련 현장 시설 축소와 핵무기 감축을 진행한다. 마지막 단계에서 핵 관련 공장과 프로그램을 제거 및 억제하는 과정이 최소 10년은 걸릴 것으로 전망했다.[4] 그 과정에서 북한의 비핵화 이행 정도에 따라 미국의 대북 제재도 점차 완화될 것이므로, 향후 북·미 간의 비핵화 협상이 타결되었다고 하더라도 국제사회의 대북 제재는 최소 10년 이상 지속될 가능성이 높다.

이처럼 국제사회의 대북 제재가 앞으로 최소 10년 이상 지속된다고 할 때, 국제사회의 대북 제재가 존재하는 가운데에서도 남북 교류 협력을 추진할 필요가 있다. 특히 환경 분야와 유엔 SDGs 분야는 비정치적인 분야이면서도 북한도 관심을 가지고 있는 분야라는 점에서, 남북 교류 협력의 한 방안으로서 "유엔 SDGs를 통한 남북 환경법제 통합 방향"에 대해서 논의할 예정이다.

특히, 이 책은 통일 시대를 살아갈 미래 세대가 기존 국내법적 중심의 통일법제 관점과 함께 국제적 관점에서 본 통일법제에 대한 시각까지 가지게 하는 것을 목적으로 하기 때문에, 주요 독자층을 미래 세대인 MZ세대를 염두에 두어 한반도의 지정학과 국제질서를 이해하도록 기술하였다. 다른 한편으로는 "통일법제의 이해"라는 제목에서 보는 바와 같이 통일법제 분야를 연구하고자 하는 법학 전공자, 로스쿨생, 현직 변호사 등 법률가들이 통일법제 분야에 실용적으로 접근할 수 있게 하였다.

이 책이 미래 세대인 법학 전공자, 로스쿨생, 법률가들을 주요 대상으로 하다 보니 법학을 전공하지 않거나 법률 업무에 종사하지 않은 분들에게 어렵게 느껴질 수도 있다. 그러나 향후 대한민국의 미래와 통일을 위해 고민하는 분들에게는 현재 국제정세 가운데 남북관계를 어떻게 풀어야 하는지 하나의 대안을 제시할 수 있다는 점에서 유익이 있다.

대한민국이 분단의 역설을 넘어 통일이라는 숙명 앞에, 한반도 평화와 번영을 앞당기는 한반도 통일에 대한 꿈과 비전이 있는 분들에게 이 책이 도움이 되기를 기대하며, 다음 장부터 국제적 관점에서 본 통일법제 이해를 본격적으로 시작하고자 한다.

제2장

국제사회의 대북 제재 이해

I. 서론

한반도의 평화와 통일에 영향을 미치는 국제질서로는 국제사회의 대북 제재가 있다. 국제사회의 대북 제재로는 크게 ① 유엔 안전보장이사회의의 대북 제재 결의를 통한 다자 제재와 ② 미국, 한국, 일본, EU 등의 독자 제재가 있다.

유엔 안전보장이사회의 결의는 유엔 헌장에 따라 유엔 회원국에게 법적인 의무가 부과되기 때문에, 국제질서 준수라는 측면에서 그 결의는 준수되어야 하는 내용이다. 그러나 유엔 안보리 결의는 이원적 구조를 가지고 있어 그 실행력에 의문이 있다. 즉 유엔 안보리 결의에 따른 대북 제재는 모든 회원들에게 법적인 의무를 부과하지만, 그 이행은 각 회원국의 국내법에 의해 이뤄진다는 측면에서 그 규범력에는 일정한 한계가 있다. 이에 반하여 미국의 대북 제재는, 미국의 무역망과 금융망의 절대적인 우위에 따라 세컨더리 보이콧(Secondary Boycott)을 통해 제3국에게 대북 제재를 준수하도록 하는 규범력이 있기 때문에 가장 실질적인 구속력을 가지고 있다.

이러한 측면에서 북한에 대한 국제사회의 대북 제재 중 다자 제재의 대표적인 사례인 유엔 안보리 결의에 따른 대북 제재와 독자 제재 중 대표적인 사례인 미국의 독자 제재의 주요 내용을 살펴보는 것은 국제사회의 대북 제재를 이해하는 데 도움이 된다.

Ⅱ. 유엔 안보리 대북 제재 주요 내용

북한의 핵 보유 선언 및 수차례의 핵실험에 대한 안전보장이사회의 대응으로, 2006년부터 유엔 안보리 결의의 대북 제재가 본격적으로 시작되었다. 2006년 유엔 안보리 결의 1718호를 시작으로 현재까지 총 10개의 안보리 결의가 채택되었는데, 북한의 지속적인 핵실험과 장거리 미사일 실험에 따라 대북 제재의 수위가 점점 강화되었다. 특히 북한의 제4차 핵실험으로 촉발된 2016년을 기점으로 구분되는데, 2016년 이전의 유엔 안보리 결의의 대북 제재들은 북한의 대량살상무기(WMD)와 관련된 제재의 성격이 강했으나, 2016년 이후 채택된 결의에서는 북한의 경제 전반에 대한 전면적인 제재 조치를 취해 북한 주민의 민생에까지 실질적인 영향을 미치게 되었다.[5]

유엔 안보리 대북 제재 결의는 유엔 헌장 제7장 제41조의 비군사적 조치에 따라 채택된 제재로서 모든 유엔 회원국들이 그 내용을 준수하고 이행할 헌장 상의 의무가 있다.[6] 만약 당사국이 자발적으로 이행하지 않을 경우, 유엔 헌장 7장의 집단적 강제 조치에 따라 이를 시행시킬 수 있다. 이와 동시에 유엔 안보리 결의문에서는 제재 내용을 각 회원국이 국내법적 조치를 통해 이행하도록 요구하고 있는데, 이는 앞서 설명한 유엔 안보리 결의의 이원적 구조 때문이다.[7]

유엔 안보리 대북 제재 결의는 이원적 구조로 각 회원국들에게 법적인 의무를 부과하지만, 실제 이행률은 50%도 미치지 못하고 있다. 이에 따라 아래에서 살펴보는 미국의 독자적 대북 제재가 실질적인 대북 제재 수단이라고 볼 수 있다. 대한민국은 북한의 2차 핵실험으로 이후 유엔 안보리 결의 1874호에 따라 유엔 안보리의 대북 제재 결의를 반영하였는데, 구체적으로는 반출입 고시 및 기획재정부 고시 등을 통해 시행되고 있다.[8]

유엔 안보리 대북 제재 결의는 북한의 계속된 도발에 따라 이전 결의의 내용을 확인하거나 강화하는 방식으로 이뤄지고 있다. 따라서 유엔 안보리의 대북 제재 결의 중 종전의 결의가 대체되거나 수정되지 않는 한, 아래 10개의 결의가 중첩적으로 적용된다. 이하에서는 유엔 안보리 대북 제재 결의의 주요 내용을 살펴보겠다.

가. 2006년 유엔 안보리 대북 제재 결의 1718호

북한의 1차 핵실험 이후 유엔 헌장 7장에 따른 최초 결의인 1718호는 북한에 탄도미사일 프로그램 중지 및 대량살상무기 포기 등을 요구하는 동시에, 회원국들에게도 북한에 대한 WMD, 주요 재래식 무기 및 관련 전략 물자, 사치품 등의 공급·판매·이전 금지, 제재 대상에 대한 금융 동결 및 재원 이전 방지 등의 협력 조치를 요청하였다. 또한 유엔 안보리 제재위원회(Security Council Committee Established Pursuant to Resolution 1718, 이하 '1718 제재위'라 한다)를 설치하여 북한의 이행 상황 주시 및 제재 조치의 적절성 여부를 검토하도록 하였다.[9]

나. 2009년 유엔 안보리 대북 제재 결의 1874호

이후 유엔 안보리는 대북 제재 결의 1874호에서 기존 대북 제재를 토대로 한 더욱 강경한 제재를 채택하였는데, 무기 금수와 금융 제재 등이 대폭 강화되었다. 특히 유엔 안보리 대북 제재 결의 1718호에서는 핵, 미사일 등 대형 무기와 중화기 등에 대해서만 금수 조치가 취해졌으나, 이 결의에서는 무기 수출 자체를 전면 차단하였다. 금융 제재의 경우 대량살상무기와 관련된 자금 및 자산의 동결뿐 아니라, 무상 원조와 금융 지원, 양허성 차관 신규 계약 금지 및 기존 계약 감축 촉구를 규정하였다.[10]

다. 2013년 유엔 안보리 대북 제재 결의 2087호

2013년 채택된 유엔 안보리 대북 제재 결의 2087호는 북한의 '은하 3호' 발사에 대한 대응으로 기존 제재를 보강하는 한편, 대량 현금(bulk cash) 사용 및 기존 제재 조치들에 대한 위반을 개탄하고(deplore), 유엔 안보리 대북 제재 결의 1718호와 1874호에서 지정한 대북 제재 금수품목이 아니더라도 군사적으로 전용될 우려가 있다고 판단되는 모든 품목에 대해 회원국이 수출 통제를 시행할 수 있는 '캐치올'(catch-all) 성격의 제재를 도입하였다.[11]

라. 2013년 유엔 안보리 대북 제재 결의 2094호

유엔 안보리 대북 제재 결의 2094호에서는 북한의 3차 핵실험에 대한 대응으로서 금수 물품을 적재한 항공기의 이·착륙 및 영공 통과를 금지하고 캐치올 방식을 적용하여 수출 통제를 더욱 강화하였으며, 회원국들이 핵이나 탄도미사일 개발에 기여할 가능성이 있다고 판단하는 경우 금융서비스의 제공을 금지하도록 요구했다.[12]

마. 2016년 유엔 안보리 대북 제재 결의 2270호

유엔 안보리 대북 제재 결의 2270호는 북한의 4차 핵실험 이후 2016년 3월에 채택된 결의로서, 이때부터 유엔의 대북 제재가 한층 강화되었다. 2016년 이전 결의들이 단순히 대량살상무기 개발 제재에 초점을 맞추었다면, 유엔 안보리 대북 제재 결의 2270호는 북한군의 작전 수행 능력 및 발전 등에 직접 기여가 가능한 모든 품목에 대해 금수 적용을 하였다. 이전 결의에서 대북 제재의 내용은 권고 형식이었으나, 결의 2270호 이후 의무를 부과하는 형식으로 바뀌었다. 특히 유엔 안보리 결의 2270호의 ① 북한 내 자국 금융기관의 신규 지점·자회사·대표사무소 설립 및 신규 은행계좌 개설을 전면 금지한 결정, ② 북한 은행과의 합작 투자·지분 매입·환거래 관계 금지 및 그러한 은행 지점들을 폐쇄하도록 한 결정 등은 북한과의 경협 사업을 불가능하도록 만들었다.[13]

바. 2016년 유엔 안보리 대북 제재 결의 2321호

2016년 12월에 채택된 유엔 안보리 대북 제재 결의 2321호에서는 석탄 수출의 통제 및 수출금지 광물에 대한 제재가 강화되었고, 북한 금융기관의 해외지점 또는 계좌 신규 개설을 금지하고 90일 내에 기존 지점 및 계좌를 폐쇄하도록 하였다.[14]

사. 2017년 유엔 안보리 대북 제재 결의 2356호

2017년 유엔 안보리 대북 제재 결의 2356호는 북한의 탄도미사일 발사에 대응하기 위해 채택되었다. 유엔 안보리는 이 결의에서 제재

대상에 개인 14명과 단체 4곳을 추가하였고, 이로 인해 당시를 기준으로 총 제재 대상자는 개인 53명, 단체 46개 등 99개로 증가하였다.[15]

아. 2017년 유엔 안보리 대북 제재 결의 2371호

2017년 8월에 채택된 유엔 안보리 대북 제재 결의 2371호에서는 북한 핵·탄도 미사일 관련 활동 제지를 위해 외화 획득 채널을 차단하고, 북한 해외노동자 고용 제한 조치를 새로이 도입하여, 북한의 외화 수입을 상당 수준 감소시키는 효과를 가져왔다. 또한 이중용도 통제 품목을 추가하고 유엔 안보리 대북 제재 결의상의 금지 활동과 연관된 선박 지정 권한 부여 및 입항 불허를 의무화하였으며, 북한 회사와의 신규 합작 사업이 금지되고, 기존 합작 사업도 추가 신규 투자를 금지하도록 결정하였다.[16]

자. 2017년 유엔 안보리 대북 제재 결의 2375호

2017년 9월에 채택된 유엔 안보리 대북 제재 결의 2375호는 북한이 6차 핵실험을 함에 따라 대북 유류 제공을 제한하고 섬유 수출을 전면 금지하는 조치를 도입하였고, 대북 정유 제품 공급량 연간 상한선 도입, 원유 공급량 동결, 콘덴세이트 및 액화 천연가스 공급 전면 금지 조치를 도입하였다.

차. 2017년 유엔 안보리 대북 제재 결의 2397호

2017년 12월에 채택된 유엔 안보리 대북 제재 결의 2397호는 24개월 내 해외 북한 노동자 송환을 의무화하고, 정유 제품 공급량의 연간 상한선을 200만 배럴에서 50만 배럴로 감축하였다. 대북 원유 공급량은 현 수준인 400만 배럴로 동결하였고, 식용품 및 농산품, 기계류, 전자기기, 목재류, 선박 등으로 수출 금지 품목을 확대하였다. 또한 해상 차단 조치를 강화하여 유엔 회원국에 입항한 금지 행위 연루 의심 선박의 나포, 검색, 억류를 의무화했으며, 자국 영해상 의심 선박에 대해서도 같은 의무를 부여하였다.[17]

이상 살펴본 바와 같이, 10개의 유엔 안보리 결의를 거듭할수록 대북 제재의 강도가 강화되었고 그 범위 또한 확장되었다. 모든 결의들이 중첩적으로 적용되는 점을 고려할 때, 이들을 종합하여 제재 내용면에서 분류해 보면, ▲ 무기 및 관련 물질 대북 수출 금지, ▲ 핵·탄도미사일/대량살상무기 관련 프로그램에 연관된 품목, 물질, 장비, 상품, 기술 금수, ▲ 금지 품목 관련 캐치올 조항, ▲ 특정 금융 거래, 기술 교육, 조언, 서비스, 조력 금지, ▲ 확산 네트워크 폐쇄, ▲ 전문 교육 및 훈련 금지 및 과학기술 협력 중단, ▲ 자산 동결, ▲ 여행 금지, ▲ 금융 제재, ▲ 사치품 금수, ▲ 부문별 제재, ▲ 수산물 금지, ▲ 섬유 제품 금지, ▲ 동상 수입 금지, ▲ 항공유 등 공급 금지 원유 공급 제한, ▲ 해외 북한 노동자 고용 금지, ▲ 검사 및 운송수단에 대한 제재, ▲ 억류 및 폐기 등이 해당된다.[18]

이상과 같이 유엔 안보리 대북 제재는 비록 그 범위와 내용이 방대하나, 물품·개인·단체를 지정하여 제재한다는 점에서 포괄적 제재가 아닌 특정적 제재라 할 수 있다.

Ⅲ. 미국의 독자적 대북 제재 주요 내용

1. 미국의 독자적 대북 제재 연혁

 미국의 대북 제재는 1950년 한국전쟁 직후부터 계속되어 왔다. 그러다 2006년 북한 핵 실험 및 2016년 수소폭탄과 장거리 미사일 발사를 전후로 미국의 국익에 실질적인 위협이 되기 시작하자 미국은 북한을 상대로 한 독자적 제재를 본격화하기 시작하였다. 특히 2016년 북한의 제4차 핵실험으로 북한의 핵 능력이 고도화되자 그동안 행정명령 중심으로 대북 제재가 이뤄진 것을 넘어서서, 미국 의회가 직접 북한을 대상으로 하여 제재 법안을 제정하기 시작한 것이다.

가. 2006년 이전의 대북 제재

 1950년 한국전쟁 발발 이후부터 미국은 북한에 대한 포괄적인 제재를 하였다. 대표적으로 적성국교역법과 1987년 대한항공기에 대한 테러 공격에 따른 테러지원국(a State Sponsor of Terrorism) 지정을 통한 제재였다. 이후 1993년 북핵 위기와 1994년 북·미 간 제네바 합의 및 이후 일련의 6자 회담 등을 통해 북한의 핵·미사일 활동이 잠시 중단된 적이 있었고, 이에 상응하여 부시 행정부가 북한을 테러지원국에서 지정 해제하면서 북한에 대한 경제 제재가 일시 풀릴 조짐이 있었다.

나. 2006년 북한의 제1차 핵실험 이후의 대북 제재

그러나 2006년 10월 9일 북한이 풍계리 시험장에서 제1차 핵실험을 단행하면서 북·미 관계가 다시 경색되기 시작하였고, 유엔 안보리 결의를 통한 대북 제재에 호응하여 미국의 독자적인 대북 제재가 본격적으로 시작되었다. 특히 미국은 2008년 6월 26일 행정명령 13466호를 통해 국가비상사태법(National Emergencies Act, 이하 NEA)과 국제비상경제권한법(International Emergency Economic Powers Act 1977)에 따라 북한의 무기급 핵물질 확산 문제를 미국에 대한 위협이자 국가 비상사태로 선언하였다.[19]

또한 2009년 5월 25일 북한이 제2차 핵실험을 단행하자, 미국은 행정명령 13551호를 발령하고 미국인이 관여하는 북한 자산 동결 등 독자 제재 범위를 확장하였다.[20] 이후 북한이 계속하여 핵실험 및 장거리 탄도미사일 발사 등 일련의 도발 행위를 계속하자, 미국 오바마 행정부는 총 4건, 트럼프 행정부는 2019년 시점을 기준으로 총 1건의 대북 제재에 대한 행정명령을 발령하였다. 이 중 행정명령 13810호에서 미국 트럼프 대통령은 북한의 도발적이고, 불안정을 유발하고, 억압적인 북한 정권의 정책을 언급하면서, 대륙간 탄도미사일 발사 시험과 핵실험, 유엔 안보리 결의 위반, 인권 남용 등을 이유로 국가 비상사태를 계속 적용하고 추가적인 제재를 부과하기도 하였다.[21]

또한 2012년 12월 12일 북한은 인공위성 광명성 3호가 로켓 은하 3호에 실려 발사와 위성의 지구 궤도 진입에 성공했다는 발표를 하였다. 국제사회는 북한이 위성 발사를 빌미로 대륙 간 탄도미사일을 발사했다고 판단하였다. 이에 유엔 안전보장이사회는 2013년 1월 22일 장거리 로켓 발사를 규탄하는 대북 제재 결의안을 채택하였고, 북한은 다음날 바로 3차 핵실험 감행을 예고했다. 유엔 안전보장이사회는 2013년 1월 29일에, 북한이 제3차 핵실험을 감행할 경우 경제·군사적 조치를 담은 대북 제재 결의안을 추가로 채택할 것임을 경고했다. 그러나 북한은 경고에도 아랑곳하지 않고 2013년 2월 12일 제3차 핵실험을 감행했다. 이에 미국 재무부 해외자산통제국(OFAC)은 북한에 대한 추가 제재를 실시하였다.

이처럼 미국의 독자적 대북 제재는 유엔 안보리의 대북 제재에 후행하는 경향을 보이는데, 이는 1945년 제정된 국제연합참여법(United Nations Participation Act of 1945)에 따라 미국이 유엔 회원국의 의무로서 유엔 안보리 결의를 이행하고 있는 것으로 평가된다.

다. 2016년 이후의 대북 제재

2016년 1월 북한의 제4차 핵실험 이후 북한의 연이은 핵실험으로 북한의 핵 능력이 고도화됨에 따라 유엔은 6개의 유엔 안보리 대북 제재 결의안을 통과시킴으로써 대북 제재를 강화하였다. 이에 보조를 맞추어 미국도 북한만을 대상으로 한 대북 제재법 및 행정명령을 지속적으로 제정 및 시행하며 대북 제재를 강화하였다[22] 특히, 2016년 제정된 북한 제재 및 정책 강화법(North Korean Sanctions and Policy Enhancement Act, 이하 NKSPEA)과 2017년 제정된 제재를 통한 적성국 대응법(Countering America's Adversaries Through Sanctions Act, CAATSA)은 북한을 직접 대상으로 한 미국의 대표적인 대북 제재법이며, 이를 바탕으로 행정명령 13722호, 13810호 등이 시행되면서 북한에 대한 전 방위적인 대북 제재를 실시하고 있다.

2. 미국 독자 제재의 특징과 유형

가. 미국 독자 제재의 특징: 미국 재무부 해외자산통제국(OFAC) 중심의 제재

미국은 냉전 시기에 대 공산권 봉쇄 정책의 일환으로 경제 제재를 실시했다. 1990년대 동구권의 몰락에 따른 탈냉전 시기에도 미국 재무부의 해외자산통제국(OFAC)을 중심으로 경제 제재를 실시해 왔으며, 이는 미국 외교 정책의 핵심 도구로 자리 잡았다.

2004년 미국 재무부 산하에 설립된 OFAC의 제재 프로그램은 설립 초기 17개에서 현재 32개로 급증하였다.[23] 특히, 2001년 9·11 테러 공격 이후 미국은 경제 제재 대상자들을 대폭 추가하였고, 2014년 제재 대상자가 약 600개였으나 2017년에는 약 1,200개로 증가한 것으로 알려져 있다.[24] 이제 미국의 경제 제재 유형과 특징을 살펴보겠다.

나. 미국의 경제 제재 유형

미국의 독자 대북 제재 유형은 ① 국가/지역 등에 대한 포괄적 제재(country-based sanctions 혹은 comprehensive sanctions) ② 목록 기반 제재(list-based sanctions) ③ US Persons 적용 제재 ④ US

Connectivity 적용 제재 등 크게 4가지 유형으로 구분된다.

① 포괄적 제재는 특정 국가의 영토 내 또는 정부와의 금융 거래, 상품, 서비스 혹은 기술 무역에 관여 및 촉진을 금지하며, 제재 대상국의 상품, 서비스 또는 기술의 수입을 금지하는 제재를 말한다. ② 목록 기반 제재는 미국의 국가 안보, 대외정책, 경제를 위협하는 활동과 관련된 개인, 기관, 정부를 특정하고 이를 목록화하여 실행하는 제재로서, 최근 미국이 선호하는 방식의 제재이다. 이러한 목록 기반 제재의 핵심은 OFAC이 운용하는 우려 거래 대상 목록인 SDN(List of Specially Designated Nationals and Blocked Persons)이다. OFAC은 SDN을 활용하여 특정 목록에 대해서만 제재하겠다고 공표함으로써 해당 국가 또는 기업, 개인 등이 미리 SDN List를 보고 제재를 준수할 수 있도록 이끌어 주는 역할을 하고 있다. 또한 ③ US Persons 적용은 미국의 국내법 관할권 하에서 집행이 가능한 범위에 적용되는 제재를 의미하며, ④ US Connectivity 적용은 미국이 글로벌 공급망 및 금융 시스템에 미치는 막강한 영향력을 바탕으로 제3국의 기업이나 개인 등에 적용하는 제재를 의미한다.

그러나 이는 개념상의 유형 분류로, 실제 대북 제재가 적용될 때는 4가지 유형이 중첩적으로 적용된다. 이 부분을 요약 정리하면 아래 〈표1〉과 같다.[25]

〈표1〉 미국 대북 제재의 유형

	US Persons 적용 조치	US Connectivity 적용 조치
포괄적 제재	유형1(포괄적 제재) • 북한과 거래하는 미국의 개인 및 기관에 대한 제재 • 미국 시민의 북한 국적 선박 소유 금지 • 미국 은행의 북한 정부 신용 제공 금지 등 • 미국 내 북한 자산 차단(동결)	유형2(냉전기 다자주의) • 북한에 대한 특정 상품의 수출입 금지 및 허가제 운용(수출 통제레짐) • 최혜국 대우(MFN) 조항 미적용, 일반 특혜 관세(GSP) 자격 부여 금지 • 인도주의적 목적 외 원조 금지 • 역외 적용 조치(미국의 해외 법인에 대한 제재 준수 조치)
목록 제재	유형3(SDN 제재) • 지정한 북한 단체 및 개인의 미국 내 자산 차단(소유 자산 거래 금지 및 동결) • 대북 제재 위반 미국인을 OFAC SDN에 등재 • 미국 정부 시행 조달 사업 참여 배제	유형4(2차 제재) • 북한과 거래하는 제3국 개인 및 기관에 대하여 OFAC SDN 등재하여, 미국 시장 및 금융 서비스 접근을 제한하는 조치 • 북한 관련 지역 공급망을 폐쇄하는 효과 • 제3국의 제재 위반을 억제하는 효과

3. 미국 대북 제재의 집행 대상 및 범위

가. 대북 제재 집행 대상의 분류: 1차 제재와 2차 제재

미국의 독자 대북 제재는 US Persons에 적용되어 미국의 국내법 관할권 하에서 집행이 가능한 1차 제재(primary sanctions)와 미국이 글로벌 공급망 및 금융 시스템에 미치는 막강한 영향력을 바탕으로 제3국 개인 및 법인에 취하는 조치인 2차 제재(secondary sanctions)로 구분할 수 있다.

미국의 '1차 제재'(primary sanctions)란 미국인(US Persons), 즉 미국 시민과 기업, 기관에 대한 제재를 의미하며, 미국 내에서 제3국의 기업, 개인 등이 보유하고 있는 금융기관의 자산을 차단하는 제재도 포함한다. 반면에 '2차 제재'(secondary sanctions)란 특정 거래에 미국(영토, 정부 등) 혹은 미국인(US Persons, 개인, 기업 등)이 관여되지 않더라도, 미국의 공급망 및 금융기관의 지위를 활용하여 미국의 제재 대상국과 거래하는 제3국의 개인, 기업 및 기관에 대하여 거래 금지 대상자 등재 혹은 금융 제한 조치 등을 적용하는 제재를 의미한다.

미국 오바마 행정부 당시 이란에 대한 2차 제재가 JCPOA를 이끌어 냈다는 평가에 따라, 미국 트럼프 행정부 역시 북핵 문제 해결을 위해 2차 제재를 적극적으로 활용하고 있다. 특히 최근에 통과된 오토 웜비어 북핵 제재 및 이행법은 해외 금융기관에 대한 2차 제재를 명시하고 있는데, 향후 미국은 2차 제재를 활용해 북핵 문제를 해결하려고 할 가능성이 높다. 이에 따라 2차 제재의 특징을 더 깊게 살펴볼 필요가 있다.

나. 미국 2차 제재의 특징

일반적으로 대북 제재와 관련하여, 2차 제재(secondary sanctions)란 북한이 연결된 공급망을 차단하고자 제3국의 기업이나 금융기관에 부과하는 조치로 중국과 러시아 등을 비롯한 제3국에 취해지는 모든 조치라고 볼 수 있다. 그러나 이러한 2차 제재 조치 중에는 미국 내 법인을 둔 기업 및 금융기관의 자산이 차단되는 조치도 포함되어 있어, 이러한 경우에는 1차 제재로 분류할 수 있다.

이처럼 1차 제재와 2차 제재의 경계가 명확하지 않은 이유는 두 제재 모두 미국 기관을 대상으로 취해지는 조치이기 때문이다. 즉, 2차 제재의 경우에도 SDN List에 등재되는 기관에 직접 취해지는 조치가 아니라 미국 금융기관이 SDN List 등재 기관과 거래하지 못하도록 제재를 가함으로써 그 영향이 SDN List에 등재된 기관에 미치도록 하기 위한 조치이다.[26]

한편 2차 제재는 1차 제재와는 달리 그 위반 사항에 대해 민형사상 처벌은 이루어지지 않으나,[27] OFAC은 SDN List 등재로 미국 기업 및 금융기관이 거래할 수 없도록 금지 명령을 내려 그 실효성을 담보하고 있다.

이처럼 2차 제재는 제재 부과 후 미국 공급망 및 금융망에 대한 접근이 차단되는 벌칙의 성격뿐만 아니라, 제재 부과 이전에도 제재 대상국과의 경제 활동이 계속되는 경우 제재 부과국인 미국의 공급망 및 금융망에 대한 접근이 차단될 수 있다는 위협을 가함으로써, 제3국의 기업 등이 대북 제재를 위반하지 않도록 억제하는 데 그 목적이 있다. 결국, 2차 제재는 제3국 기업으로 하여금 제재 대상국과의 거래와 미국 금융망에 대한 접근 중 하나를 선택하는 것을 강요하도록 만든다.

따라서 엄격한 의미에서 미국 내 자산이 차단되는 금융 제재의 경우 미국 정부가 가하는 미국 금융기관 등에 대한 제재이므로 1차 제재라고 볼 수 있지만, 이러한 제재를 피하기 위해 처음부터 미국의 금융기관이 SDN List에 등재된 기관과 거래하는 것을 꺼리기 때문에 이러한 부분에서는 2차 제재라고 볼 수도 있다.

예를 들어, 2019년 5월 미국의 화웨이에 대한 사건에서 보듯이, 이란 제재 위반 혐의로 화웨이 미국 법인에 취해진 조치는 1차 제재이지만, 화웨이 본사 및 미국 외 해외법인에 대하여 취해진 수출 통제와 관련된 특정 거래 대상(BIS Entity List) 등재 조치는 2차 제재에 해당한다.[28] 이처럼 1차 제재와 2차 제재는 사안별로 경계가 모호할 때가 있는데, 이는 미국이 경제 제재를 정치적·외교적 수단으로써 활용하기 위한 의도적인 조치로 풀이된다.

결국, 미국의 경제 제재는 미국 달러와 금융망을 통한 경제/금융 제재와 미국 시장과 공급망을 통한 미국의 무역 통제/투자 제한으로 나타난다. 여기서 2차 제재는 미국의 금융망과 공급망에 미치지 않는 비 미국 국적 개인 및 법인에 대하여도 미국 금융망과 공급망에 접근 제한 등을 취하겠다는 선제적 위협을 가함으로써 1차 제재가 실효성을 거두게 하는 기능을 하고 있다.

이러한 2차 제재의 특징을 정리하면 아래 〈그림1〉과 같다.[29]

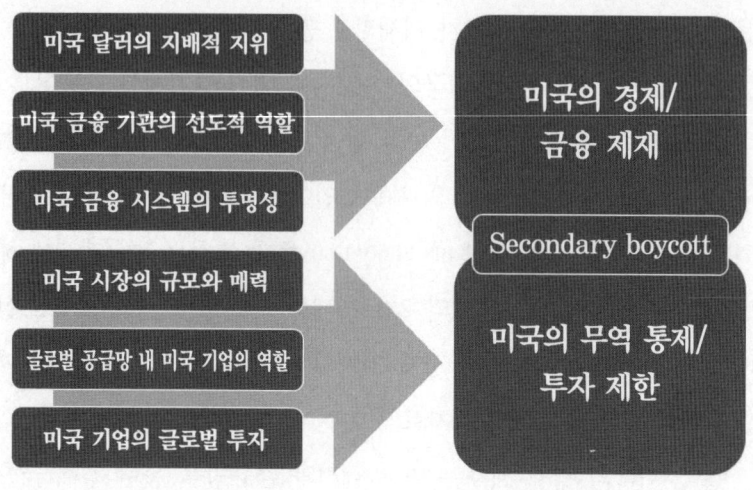

〈그림1〉 미국의 제재 강화 요소와 제재 조치 간 연계

Ⅲ. 미국의 대북 제재법 주요 내용

1. 2016년 이전 대북 제재 관련 법안

가. 적성국, 대량살상무기, 테러리즘 등 관련 법안에 의한 제재

미국은 1917년 적성국교역법을 제정하는 것을 시작으로 다수의 대외 경제 제재 법률 등을 제정하여, 미국 정책에 부합하지 않은 특정 국가 등에 대해 수출 물품 및 서비스 제한 또는 해외자산 등을 통제함으로써 미국의 정책적 목표를 달성하고 있다. 즉 미국은 대북 제재가 본격화하기 시작한 2016년 북한 제재 및 정책 강화법 등

을 제정하지 않더라도, 기존에 미국 의회가 이미 제정한 일반적인 대외 경제 제재 법률로도 충분히 북한에 대한 경제 제재가 가능하였던 것이다. 이와 관련하여 대표적인 미국의 대외 경제 제재 법률 등을 간략하게 알아보면 다음과 같다.[30]

(1) **적성국교역법**(Trading With Enemy Act 1917)

적성국교역법은 미국에 의해 적성국(enemy)으로 규정된 나라의 미국 내 자산을 동결하고 교역을 금지하는 법률로서, 해당 나라와 교역하는 상대국도 경제적 제재를 받을 수 있다. 북한은 지난 2008년까지 이 법에 따라 적성국으로 규정된 바 있다. 다만, 북한이 2008년 적성국에서 제외되었으나 이미 동결된 자산은 행정명령 13466호에 따라 그대로 유지되었다.

(2) **수출입은행법**(Export Import Bank Act 1945)

수출입은행법은 특정 국가가 비핵 보유국으로 하여금 핵폭발 장치나 안전장치가 없는 특수 핵 물질을 획득하도록 고의로 조력하는 등의 행위를 할 경우에 국가 또는 개인에 대해 신용 보증, 신용 연장 등의 승인 금지를 포함한 제재를 가할 수 있도록 한 법률이다. 북한이 핵 활동을 계속할 경우 위 법률에 의해 대북 제재가 가능하기 때문에 이 법도 대북 제재의 근거가 될 수 있다.

(3) **수출통제법**(Export Control Act 1949)

수출통제법은 미국의 국가 안보에 저촉되는 수출을 경계 및 제한하는 법률로서, 미국이 자국의 국가 안보에 저촉된다고 판단할 경우 북한으로의 물자 수출을 제한할 수 있는 법적 기반이 된다.

(4) **대외지원법**(Foreign Assistance Act 1961)

대외지원법은 공산 국가와 테러지원국가 및 인권 침해 국가 등에 대한 지원이나 원조를 금지한 법률로서, 북한은 1988년 테러지원국 명단에 포함된 이후 2008년 명단에서 잠시 해제되었으나, 2017년 테러지원국으로 재지정되었다. 따라서 미국은 위 법률에 근거해서도 대북 제재를 실시할 수 있다.

(5) **국가비상사태법**(National Emergencies Act 1976)

국가비상사태법은 2016년 이후 대북 제재의 근거가 되는 주요 법률 중 하나로서, 미국 대통령이 국가 비상사태를 선포하거나 해제할 수 있는 절차를 구체화한 법률이다. 미국은 2008년 북한의 핵 미사일 위협을 이유로 매년 이 법에 따라 북한에 대한 국가 비상(national emergency) 상황을 선포하고 있고, 최근인 2023년 6월 20일에도 북한을 미국의 국가 비상사태 대상으로 지정했다.[31] 위 법에 따라 제재 대상의 자산 동결 및 북한 당국과의 거래를 금지하며, 북한으로부터의 상품, 서비스, 기술의 직간접적 수입을 금지하고 있다.[32]

(6) **국제비상경제권한법**(International Emergency Economic Powers Act 1977)

국제비상경제권한법은 대외 비상 상황에 대비하여 국가 안보 및 국내 경제 보호를 위한 수출통제, 외국환 거래 통제 및 금융기관을 통한 거래를 통제하는 근거 법률이다. 미국은 이 법에 따라 북한의 핵무기 개발 관련 경제 활동에 대한 제재를 부과할 수 있으므로, 위 법률도 대북 제재의 근거가 될 수 있다.

(7) 수출관리법(Export Administration Act 1979)

수출관리법에 따라 미국 대통령은 국가 안보, 대외정책 및 공급 부족에 따른 수출의 통제 권한을 부여받았고, 테러 지원 국가인 북한은 이 법의 수출 통제 대상 리스트에 포함되어 제재 및 수출 통제 대상국으로 규정되었다. 따라서 미국은 위 법률에 따라 북한에 대한 경제 제재가 가능하다.

(8) 핵확산금지법(Nuclear Proliferation Prevention Act 1994)

핵확산금지법은 핵무기 관련 상품 및 기술의 수출을 통해 비 핵보유 국가로 하여금 핵물질 취득, 활용, 개발, 비축할 수 있도록 기여한 미국인 또는 외국인에 대한 제재를 규정한 법률로서, 이후 발효된 북한핵무기확산금지법(North Korea Nonproliferation Act 2000)을 통해 대량살상무기 관련 물품, 서비스, 기술을 제공하는 자에게도 제재를 가하도록 하였다.[33]

(9) 애국법([Uniting and Strengthening America by Providing Appropriate Tools Required to Intercept and Obstruct Terrorism(USA PATRIOT) Act of 2001])

애국법의 정식 명칭은 '테러 행위의 차단 및 방지를 위한 적절한 수단 제공법'(Uniting and Strengthening America by Providing Appropriate Tools Required to Intercept and Obstruct Terrorism (USA PATRIOT) Act of 2001)으로서 통상 애국법으로 약칭한다. 애국법은 테러의 억제와 처벌을 목적으로 하며, 테러 행위에 대한 수사와 정보 수집을 담당하는 정부기구 및 정보 공동체의 권한을 대폭 확대시킨 법률이다. 특히 애국법은 자금 세탁의 우려가 있는 국가, 개인 및 기업에 대한 실사 및 특별 조치를 요구하도록 하였으며, 이 법에 근거하여 미국은 자금 세탁의 우려가 있는 대북 경제 활동의 거래 대리 계좌를 폐쇄하는 등의 특별 조치를 취할 수 있다.

나. 미국의 해외자산통제국(OFAC)을 통한 대북 제재

위에서 본 바와 같이 미국은 2016년 이전에 일반적인 대외 경제 제재 법률로도 북한에 대한 경제 제재를 하였는데, 이는 미국 재무부 해외자산통제국(OFAC)을 통해 이뤄지고 있다. 미국 대통령이 행정명령을 통해 미국 재무부 장관에게 위임한 제재 집행 권한을 재무부 장관은 재무부 산하 OFAC에게 재위임하여, 실제로는 OFAC이 경제 제재의 집행·관리·감독자로서 역할을 수행한다. 참고로, 미국 재무부 해외자산통제국(Office of Foreign Assets Control)은 주로 국가나 테러리스트, 마약밀매자 등의 개인 집단에 대한 경제 제재 정책을 관리하고 집행하는 기관이다.

미국의 경제 제재는, 1812년 남북전쟁 당시 미국 재무장관 갤러틴

(Gallatin)이 미국 선원을 괴롭히는 대영제국에 제재를 가한 것에서부터 유래한다. 당시 미국 의회는 남군(Confederacy)과의 거래를 금지하는 법을 통과시켜 그러한 거래의 재화를 몰수하고 미국 재무부가 규율하는 규칙과 규정에 따른 라이선스 체제를 정립하였는데, 이것이 미국의 경제 제재의 시초가 되었다.

이후 제2차 세계대전 직전인 1940년에 독일이 노르웨이를 침범하자 미국은 미국 해외자본통제국(Office of Foreign Funds Control, 이하 'FFC')을 창설하였는데, FFC는 OFAC의 전신이다. FFC 프로그램은 전시 내내 미국 재무부가 관리하였다. FFC의 초기 목표는 독일 나치가 피점령국의 외화 및 증권을 사용하는 것과 피점령국 국민들이 보유한 자본이 강제로 독일 나치로 송환되는 것을 방지하는 데 그 목적이 있었고, 이러한 제재는 이후 피점령국의 자산을 보호하는 것으로 확대되었다. 미국이 공식적으로 제2차 세계대전에 참전한 후부터 FFC는 적대국들의 자산을 동결하고 해외 무역 및 자본 거래를 금지함으로써 독일 추축국을 상대로 한 경제 전쟁에서 큰 역할을 담당하였다.

이후에 한국전쟁 당시 중국이 한국전쟁에 참전하자, 미국 트루먼 대통령은 국가 비상사태를 선포하고 미국 관할권 내 모든 중국 및 북한 자산을 동결하였는데, 이에 발맞추어 1950년 12월에 정식으로 OFAC이 창설되었다. 그 후로 OFAC은 미국의 국가 안보와 이익을 지키기 위한 경제 제재를 실시하고 있는데, 미국 대통령 행정명령을 집행하는 OFAC의 활동은 주로 국가비상사태법과 국제비상경제권한법에 법적인 근거를 두고 있으므로, 위 법률들의 세부 내용을 살펴볼 필요가 있다.

먼저, 국가비상사태법은 2016년 이후 대북 제재의 근거가 되는 주요 법률 중 하나로서 미국 대통령이 국가 비상사태를 선포하거나 해제할 수 있는 절차를 구체화한 법률이다. 현재 미국은 이 법에 따라 행정명령을 통해 매년 북한에 대한 국가 비상(national emergency) 상황을 연장하고, 제재 대상의 자산 동결 및 북한 당국과의 거래를 금지하면서, 북한으로부터의 상품, 서비스, 기술의 직간접적 수입을 금지하고 있다.

또한, 국제비상경제권한법은 대외 비상 상황에 대비하여 국가 안보 및 국내 경제 보호를 위한 수출 통제, 외국환 거래 통제 및 금융기관을 통한 거래를 통제하는 근거 법률로서, 이 법에 따라 북한의 핵무기 개발 관련 경제 활동에 대한 제재를 부과할 수 있다. 특히, 국제비상경제권한법은 미국 경제 제재의 핵심 규제 당국인 OFAC의 경제 제재의 법적 근거를 제시하는 법률로서, 제1차 세계대전 당시 적성국교역법에서 부여한 권한을 미국 대통령이 평시에도 행사할 수 있도록 한 법률이다.

이에 따라 국제비상경제권한법은 1977년 이후 미국이 적용하는 대부분의 경제 제재 조치의 법적 근거가 되고 있으며, 미국 대통령이 국가 안보, 대외정책, 미국 경제에 대한 대외적 위협으로부터 발생하는 국가 비상사태(national emergencies)를 해결하기 위해 경제 제재 조치를 취할 수 있는 법적인 근거를 마련해 준다.

국가비상사태법에 근거한 미국의 경제 제재는 언제든지 미국 대통령에 의해 종료될 수 있으며, 일몰 조항에 따라 1년마다 갱신하지 않을 경우에도 종료된다.[34] 그러나 기존 제재의 사유가 되는 국가

비상사태가 종료되었다고 하더라도 미국 대통령의 판단에 따라 국가비상사태법에 근거한 경제 제재의 일부 집행 권한은 유지될 수 있어 광범위한 재량권이 미국 대통령에게 부여된 것으로 평가된다.[35] 물론 미국 대통령의 이러한 경제 제재 관련 조치는 미국 의회가 국가비상사태법 제202조에 따라 상하 양원에서 채택된 동일 결의(concurrent resoluation)를 통해 해당 경제 제재 권한이 지속될 수 없음을 결정함으로써 종료될 수 있다.[36]

국가비상사태법과 국제비상경제권한법에 의해, 미국 대통령은 국가 비상사태 선언과 관련하여서 착수 및 종료 시 그리고 제재 부과 중 반기별로 한 번씩 미 의회에 보고서를 제출하도록 되어 있으나,[37] 1990년 중반에 위 의무를 미국 재무부로 이관한 이후부터 일반에 공개된 바 없다. 이와 별도로, 국제연합참여법에 의해 미국 대통령이 유엔 안보리 결의를 이행하고 있다. 이는 대북 제재의 내용이 유사하더라도 미국의 독자 제재와 별도로 유엔 등의 국제 제재가 동시에 미국 제재 당국의 활동 근거가 될 수 있음을 의미한다.

2. 2016년 이후 대북 제재 관련 법안

가. 미 의회가 제정한 대북 제재 법률

(1) 북한 제재 및 정책 강화법(North Korean Sanctions and Policy Enhancement Act, 2016)

앞서 살펴본 바와 같이, 2016년 이전에는 국가비상사태법 등 일반적인 대외 경제 제재 법률을 적용하여 미국의 대북 제재가 시행된 반면, 북한의 4차 핵실험으로 인해 핵 능력이 고도화되기 시작한 2016년 이후부터 미국은 북한만을 대상으로 하여 독자적 대북 제재를 본격적으로 실시하였다. 특히 2016년 발효된 북한 제재와 정책 강화법(NKSPEA)에서 미국은 북한과 거래하는 국가, 단체 및 개인을 제재하고 핵무기 및 탄도미사일 개발에 사용되는 자금을 원천 봉쇄하기 위한 제재의 기반을 마련한 것으로 평가된다.[38]

특히 북한 제재 및 정책 강화법 제104조에서는 미 대통령이 제재 대상자로 지정해야 할 10가지 행위 유형을 규정하고 있다. 대표적으로 북한의 자금 세탁, 통화 위조, 대량 현금 밀반입, 마약 밀매, 북한의 인권 유린 등을 용이하게 하거나 이에 대한 책임이 있는 자 등을 제재 대상으로 규정하고 있다.

위 10가지 제재 위반 행위는 제재의 성격에 따라 필수적 지정 대상인 제재(mandatory designation)와 재량적 지정 대상인 제재(discretionary designation)로 나뉜다. 미 재무부 해외자산통제국(OFAC) 담당관이 조사를 통해 어떠한 행위가 필수적 지정 대상 행위라고 판단될 경우, OFAC은 해당 기업 또는 개인을 반드시 제재 대상자로 지정해야 한다. 대표적인 예로 알면서도(knowingly) 자금 세탁, 화폐 또는 상품의 위조, 대량 현금 밀수입, 마약 매매 또는 북한 당국이나 고위관리를 포함하는 불법 활동을 하는 행위에 직간접적으로 관여할 경우에는 필수적 제재 대상 행위로 분류된다[북한 제재 및 정책 강화법 104(a)(6)]. 참고로 여기서 'knowingly'란 '어떤 행위, 상황 또는 결과에 대하여 그 행위, 상황 또는 결과를 실제로 알았거나(actual knowledge) 또는 특정한 행동, 상황 및 결과로 인하여 그러한 사실을 알았어야 하는 경우(should have known)'로 명시되어 있어 그 범위가 상당히 포괄적이다(31 CFR 510.314).

반면 재량적 지정 대상인 제재(discretionary designation)의 경우, 법안에 명시된 행위가 존재하는 경우에도 미국 행정부의 재량에 따라 제재 부과 여부를 결정하도록 하여 미국 행정부의 정책 재량을 인정해 주고 있다. 대표적인 예로, 알면서도(knowingly) 유엔 안보리 결의상 제재 대상자로 지정된 개인 또는 단체에게 금융적·물질적·기술적 지원 또는 그 개인 또는 단체에게 상품이나 서비스를 제공하는 것을 지원하거나 이러한 일에 관여 또는 기여하는 경우[북한 제재 및 정책 강화법 104(b)(1)(A)], 알면서도(knowingly) 북한 당국 공무원 또는 그를 대신하는 자에게 뇌물을 주는 일에 기여하는 경우[북한 제재 및 정책 강화법 104(b)(1)(B)(i)] 등은 재량적 제재 대상 행위이다.

(2) **제재를 통한 적성국 대응법**(Coutering America's Adversaries Through Sanctions Act, 2017)

제재를 통한 적성국 내응법은 대북 제재의 범위와 대상에 있어 북한 제재 및 정책 강화법보다는 광범위하게 규정되어 있다.[39] 또한 '2차 제재'(secondary sanctions)를 명확히 하여 동 법이 시행됨에 따라, 미국의 대북 제재가 개성공단을 포함한 남북 경협 사업 등 미국 영토 밖에서 영위하는 사업에 미치는 영향이 현격히 증대된 것으로 평가된다.[40]

특히 제재를 통한 적성국 대응법은 기존에 있었던 북한 제재 및 정책 강화법의 제재에 저촉될 수 있는 행위와 관련된 규정을 확대하였다. 대표적으로 대량 현금과 관련하여 북한 제재 및 정책 강화법의 '대량 현금의 밀반입'(bulk cash smuggling)에 대한 제재를 대량 현금의 '거래 내지 이전(transfer)'의 범위까지 확대하였고, 북한으로부터의 섬유제품을 매입하거나 취득하는 행위를 제재 대상에 추가하였으며, 북한의 교통, 광물, 에너지, 금융 서비스의 거래에 개입하는 행위 및 북한 근로자의 해외 송출에 관여하거나 용이하게 하는 것 또한 제재 대상에 추가하였다.[41]

제재를 통한 적성국 대응법에 따라 제재 대상이 될 수 있는 주요 행위는 다음과 같다.

- 유엔 안보리 허가 없이 알면서도(knowingly) 대리 계좌를 북한 금융기관과 직간접적으로 유지하는 경우[제재를 통한 적성국 대응법 311(a)(3)(14)]
- 알면서도(knowingly) 북한 당국의 상당한 자금이나 재산 이전을 용이하게 하여 유엔 안보리 결의 위반에 기여하는 경우[제재를 통한 적성국 대응법 311(b)(D)(F)]
- 알면서도(knowingly) 대량 현금(bulk cash), 귀금속, 가치 보관 수단, 원석을 북한 당국으로 또는 당국으로부터 이전하는 것을 직간접적으로 용이하게 하는 경우[제재를 통한 적성국 대응법 311(b)(D)(G)]
- 알면서도(knowingly) 북한의 교통, 광산, 에너지, 금융 서비스 산업 분야에서 상당한 거래를 한 경우[제재를 통한 적성국

대응법 311(b)(D)(M)]

- 알면서도(knowingly) 북한 금융기관의 지사, 자회사, 사무소의 운영을 용이하게 한 경우[제재를 통한 적성국 대응법 311(b)(D)(N)]

- 알면서도(knowingly) 상당한 종류 또는 양의 섬유를 북한 당국으로부터 직간접적으로 취득하거나 구매할 경우[제재를 통한 적성국 대응법 311(b)(D)(E)]

- 알면서도(knowingly) 원유, 정제유, 석유, 천연가스 자원 등을 북한 당국으로 팔거나 이전 또는 제공하는 경우[제재를 통한 적성국 대응법 311(b)(D)(H)]

- 알면서도(knowingly) 북한 당국으로부터 상당한 종류 또는 양의 식품 또는 농산물을 직간접적으로 취득하거나 구매할 경우[제재를 통한 적성국 대응법 311(b)(D)(K)]

(3) 아시아안심법(Asia Reassurance Initiative Act of 2018, ARIA)[42]

2019년 1월 2일 발효된 아시아안심법(Asia Reassurance Initiative Act 또는 ARIA법)은 유엔 안전보장이사회 결의안에 위배되는 북한의 핵무기와 탄도미사일 프로그램 개발 및 인권 유린 행위를 확인하고, 파트너 국가들과의 긴밀한 협력을 통하여 북한의 평화적인 비핵화 추구를 결정하였으며, 대북 제재와 관련해서는 북한이 유엔 안보리 결의안 및 행정명령에 저촉되는 위반 행위를 중지하는 시점까지 기존 행정명령 상의 자산 동결 및 여타 제재 조치를 유지할 것을 확인하기 위해 제정된 법률이다.[43]

아시아안심법은 만약 행정명령 상의 대북 제재를 종료할(terminate) 시에는 미 국무장관이 미 재무부장관과의 협의를 통해 30일 이내에 해당 제재 조치의 종료가 정당하다는 내용을 기술한 보고서를 작성하여 미 의회의 관련위원회(appropriate congressional committees)에 제출해야 한다. 이러한 보고서에는 유엔 안전보장이사회 결의안을 위반하는 불법행위가 중단되었다는 것과 제재 조치 종료 간의 사실관계를 명확하게 증명하도록 명시되어 있어, 대북 제재에 미 의회의 관여와 통제를 강화한 것으로 평가된다.[44]

한편 아시아안심법에 명시된 미국의 대북 협상 정책은, 북한이 핵무기 및 탄도미사일 프로그램을 완전하며(complete), 검증 가능하고(verifiable), 철회할 수 없는(irreversible) 수준으로 폐기하는 것(dismantlement)을 목적으로 한다고 다시 한번 강조하고 있다. 또한 유엔 안보리 결의의 이원적 구조로 인하여 유엔 안보리 대북 제재 이행에 비협조적이라고 판단되는 국가 또는 정부에 대하여는 외교 관계 및 대외 지원과 관련한 적절한 조정을 고려할 수 있도록 한 것이 특징이다.[45]

(4) 오토 웜비어 북핵 제재 및 강화법(Otto Warmbier North Korea Nuclear Sanctions and Enforcement Act, 2019)

오토 웜비어 북핵 제재 및 강화법(이하 '웜비어법')은 북한에 억류되었다가 미국으로 송환된 후 숨진 미국 대학생 오토 웜비어(Otto Warmbier)를 추모하기 위해 웜비어의 이름을 붙인 대북 제재 법안으로서, 2017년 10월 24일 미 하원을 통과하였으나 미 상원 본회의를

통과하지 못하고 회기 만료로 폐기되었다.[46]

그러다 2019년 2월 하노이 북·미 정상회담이 결렬된 이후 2019년 7월 말 웜비어법은 다시 미 상원 은행위원회에 상정되었고, 협상이 교착되어 어려움을 겪었으나 마침내 2020년 미 국방부 예산을 결정하는 국방 예산 법안인 2020 국방수권법(National Defense Authorization Act for Fiscal Year 2020)의 세부 항목으로 포함되었다. 이후 웜비어법은 2019년 12월 20일 대통령의 서명으로 2020 국방수권법이 통과됨에 따라 추가 대북 제재법으로 제정되었다.

웜비어법은 북한의 불법 무역 거래와 돈세탁 방지를 위하여 북한과 금융 거래 등이 있는 개인 및 기업의 미국 내 은행계좌를 동결시키고 해외 금융기관의 미국 내 계좌 개설을 제한하며, 북한과의 합작회사 또는 투자 등을 금지하는 내용을 골자로 하고 있다. 구체적으로 제재 대상자에게 금융 서비스를 제공한 해외 금융기관에 대한 제재를 명시적으로 포함시켰고,[47] 국제 금융기구 및 수출입 은행의 북한 지원을 반대하며,[48] 본 법안의 준수, 처벌, 그리고 기술적 지원에 대한 미국 재무부 보고를 강화하고,[49] 돈세탁과 금융 테러 방지를 위한 국제통화기구 활동 지원[50] 등을 규정하고 있다. 특히 해외 금융기관에 대한 제재는, 국내에서도 이슈가 될 만큼 북한의 다양한 경제 활동을 광범위하게 제재하는 세컨더리 보이콧의 성격이 강한 법안이다.

웜비어법은 2020 국방수권법 7장 제7101조부터 시작되는데, 제7111조에서 미 의회는 웜비어법 제정과 관련하여 미국 의회의 입장(sense of congress)을 "미합중국은 그 동맹국 및 파트너와 함께 최대

압박(maximum pressure) 정책과 외교적 참여를 통해 북한의 핵무기 및 탄도 미사일 프로그램을 저지하기 위해 전념한다"[51]라고 명시하는 등 북한을 최대한 압박하는 것이 웜비어법의 목적임을 명확히 밝히고 있다.

웜비어법은 기존 대북 제재 및 정책 강화법 및 제재를 통한 적성국 대응법을 개정하거나 새로운 제재 또는 의무를 추가하는 방식으로 제정되었는데, 주요 내용은 아래와 같다.

① 특정 제재 대상자에 금융 서비스를 제공하는 해외 금융기관에 대한 제재[웜비어법 제7121조 (a)항]

웜비어법 제7121(a)항은 북한 제재 및 정책 강화법(H.R. 757) 201A조 이후 "특정 제재 대상자에게 금융 서비스를 제공하는 해외 금융기관에 대한 제재"를 추가하였다[웜비어법 제7121조 (a)항, 201B].[52] 이에 따라, 미 재무장관은 웜비어법의 제정일로부터 120일 또는 그 이후 유엔 대북 제재 결의, 대북 제재 행정명령, 북한 제재 및 정책 강화법(NKSPEA) 특정 조항[53]에 따라 제재가 부과된 자에게 '알면서도(knowingly) 금융 서비스를 제공하는 해외 금융기관'에 대하여 아래 제재를 부과할 수 있게 되었다.

또한 만약 위 웜비어법 제7121조 (a)항에 추가된 북한 제재 및 정책 강화법(H.R. 757) 201B조 및 관련 규정, 허가, 명령 등을 위반하거나 위반을 시도, 공모 또는 초래할 경우, 해당 개인 또는 기업은 국제비상경제권법(50 U.S.C. 1705)의 206(b), 206(c)에서 정한 벌칙의 적용을 받는다[웜비어법 제7121조 (a)항, 201B(c)(2)]. 이 경우 미화 $302,584[54] 또는 처벌 대상이 되는 거래 금액의 2배 중 높은 금액 이하에 상당하는 배상금이 부과될 수 있고(민사 처벌), 의도적인(willfully)[55] 위반 행위일 경우 미화 $1,000,000 이하의 벌금 또는/및 개인의 경우 20년 이하의 징역형에 처해질 수 있다(형사 처벌).[56]

② 필수적 제재 대상 확대(웜비어법 제7122조)

웜비어법 제7122조는 북한 제재 및 정책 강화법(H.R. 757) 제104조에 따른 필수적 제재 대상 행위에 아래를 포함한 추가 제재 행위를 명시함으로써, 미 행정부가 필수적으로 제재해야 하는 대상의 범위를 넓혔다.

- 알면서도 직간접적으로 북한과 하기의 상당한 양을 수입 혹은 수출하는 데 관여: (i) 석탄, 직물, 수산물, 철, 혹은 철광, (ii) 정제된 석유 제품 혹은 유엔 안전보장이사회가 정하고 미국이 동의한 제한을 상회하는 원유 및 (i), (ii)절에 명시된 제품과 관련된 서비스 혹은 기술
- 알면서도 유엔 대북 제재 결의안 위반에 중대하게(materially) 기여하는 북한 정부의 자금(funds) 혹은 자산(property)의 상당한 이전(significant transfer)을 용이하게 하는 경우
- 알면서도 북한 정부 혹은 조선노동당이 상당한 수익을 창출할 수 있는 방식으로 북한 노동자 수출 혹은 해당 고용에 직간접적으로 참여하거나 이를 용이하게 하는 경우
- 알면서도 직간접적으로 상당한 수량의 선박을 북한으로 판매 혹은 이전하는 경우

③ 타국 정부의 유엔 안전보장이사회 결의 이행에 대한 보고 조항의 수정(웜비어법 제7128조)

웜비어법 제7128조에 따라 "미 대통령은 2019년 웜비어법의 제정일로부터 180일 이내에, 그리고 그 후 5년 동안 매년" 타국 정부에 의한 유엔 안전보장이사회 결의 실행에 대한 보고를 이행하도록 규정하고 있다. 이러한 보고 내용에는 타국 정부가 해당 투자가 북한 정부를 위한 것인지 여부와는 상관없이, 북한의 관할권 하의 영토 혹은 사람으로 하여금 북한인과 함께 합작투자 혹은 협업 단체를 신규로 개시하거나 추가 투자를 통해 기존에 존재하던 합작투자를 확장하는 행위를 금지하는 것(단, 해당 합작투자사나 협업 단체가 유엔 1718 위원회에 의해 승인된 경우는 제외된다); (ii) 해당 국가의 관할권 하의 금융기관을 통해 북한 금융기관이 승인받지 않는 자금 청산을 하는 행위를 금지하는 것; (iii) 관련 유엔 안보리 결의에 의해 금지된 북한과의 상거래를 허가 없이 하는 행위를 금지; (iv) 자국 영토나 관할권에 속하는 사람에게, 그러한 영토나 사람을 통하여, 혹은 그러한 영토나 사람으로부터 북한인에게 중요한(significant) 정도로 금융 서비스를 제공하거나 금융서비스의 이전을 제공하는 행위를 방지하는 것을 이행하고 있는지 여부 및 얼마나 이행하고 있는지 등이 포함되도록 하고 있다.

④ 국제금융기구의 북한 지원 반대

웜비어법 제7124조에서는 브레튼우즈협정법(22U.S.C. 286 et seq.) 말미에 유엔 대북 제재와 미이행 국가에 대한 지원을 반대하는 조항을 추가하였다.[57] 이에 따라 미 재무부 장관은 각 국제 금융기관에 유엔 대북 제재를 충분히 이행하지 못한 국가에 해당 국제 금융기관의 금융 지원(인도적 지원 제외)을 반대하는 미국의 정책을 지시(instruct)할 수 있다.

나. 대통령 행정명령에 의한 대북 제재

미국의 대북 제재와 관련된 행정명령은 13466호, 13551호, 13570호, 13687호, 13722호, 13810호, 13382호로 총 7개이며, 주요 내용은 아래 표와 같다.[58]

〈표2〉 대북 제재 관련 행정명령의 주요 내용

행정명령	추가 사유	세부 내용
13466호 (2008. 6. 26)	• 적성국교역법에 의한 적성국 제재 종료 (Proclamation 8271)에 따른 후속 조치 • 한반도 무기급 핵분열 물질 확산 위험에 따른 국가 비상사태 선포	• 국가 비상사태법과 국제비상경제권한법을 원용 • 2000년 6월 16일 현재 자산 차단 현황 유지 • 적성국교역법 상 제재를 사실상 유지 • 미국인의 북한 선박 관련 경제 활동(등록, 소유 등) 금지
13551호 (2010. 8. 30)	• 국가 비상사태의 범위 확장	• 국가비상사태법, 국제비상경제권한법, 국제연합참여법 등을 원용 • 자산 차단 대상자 지정(김영철, Green Pine Associated Corporation, Reconnaissance General Bureau, Office 39) • OFAC의 제재 목록인 SDN LIST 상 [DPRK]로 표식
13570호 (2011. 4. 18)	• 유엔 안보리 결의 1874호 이행을 위한 추가 조치	• 국가비상사태법, 국제비상경제권한법, 국제연합참여법 등을 원용 • 북한으로부터 상품, 서비스, 기술 수입 금지

행정명령	추가 사유	세부 내용
13687호 (2015. 1. 2)	• 제재 대상 추가	• 국가비상사태법, 국제비상경제권한법 등을 원용 • 자산 차단 대상자 추가 • 북한 정부 혹은 노동당 및 그 간부, 관련 기관의 미국 관할권 내 자산 차단 • 이와의 거래를 물질적으로 지원하는 기관의 자산 차단 • OFAC SDN LIST상 [DPRK2]로 표식
13722호 (2016. 3. 16)	• 유엔 안보리 결의 2270호 및 북한 제재 및 정책 강화법 이행 • 북한 정권 및 노동당에 대한 포괄적 제재 부과	• 국가비상사태법, 국제비상경제권한법, 국제연합참여법, 북한 제재 및 정책 강화법 등을 원용 • 김정은, 북한 정권, 노동당 및 북한 운송, 광업, 에너지, 금융 서비스 부분 등에 종사하는 지정된 대상자의 미국 관할권 하의 자산 및 자산에 따른 이자 차단 • OFAC SDN LIST상 [DPRK3]로 표식
13810호 (2017. 9. 20)	• 유엔 안보리 결의 2321호, 2356호, 2371호, 2375호 이행	• 국가비상사태법, 국제비상경제권한법, 국제연합참여법 등을 원용 • 북한의 건설, 에너지, 금융 서비스, 어업, 정보통신, 제조, 제약, 광업, 섬유, 운송업에 종사하는 지정된 대상자, 북한의 항만, 육상, 공항 소유 및 통제 운영하는 자, 북한 정권 및 노동당의 소득을 발생시키는 자의 미국 관할권 내 자산 및 이자 차단
13382호 (2010. 8. 30)	• 대량살상무기확산에 대한 제재	• 국가비상사태법, 국제비상경제권한법 등을 원용 • 대량살상무기 확산 관련 행정명령 12938호에 대한 추가 조치로, 북한 국적자 3명을 제재 대상으로 지정 • 해당 조치의 기준에 따라 OFAC 및 미 국무부가 북한 국적자 다수를 제재 대상으로 추가 • OFAC SDN LIST상 [NPWMD]로 표식되며, 위의 행정명령 상 제재 대상자와 중복됨

이 중 미국의 대북 제재가 본격화된 2016년 이후 제정된 행정명령 13722호와 13810호의 주요 내용을 살펴보면 아래와 같다.

(1) 행정명령 13722호

미국 행정부는 2016년 북한 제재 및 정책 강화법이 발효되자 행정명령 13722호를 발동하여 위 북한 제재 및 정책 강화법의 내용을 구체화하였다. 행정명령 13722호의 주요한 내용은 (i) 미국 재무부에 의해 금지된 분야의 활동(교통, 광산, 에너지, 금융 서비스 등)을 하거나, (ii) 북한 정부의 인권 유린에 관여 또는 관련 책임이 있는 자, 또는 (iii) 제재 대상으로 지정된 자를 지원하거나 금융 혹은 기술적 지원을 한 자들을 제재 대상 개인이나 단체로 지정하고 그들의 미국 내 자산을 동결하는 것이다.

또한 행정명령 13722호는 북한 제재 및 정책 강화법에 따른 2차 제재(secondary sanctions)를 구체화 하였다. 대표적인 예로, 대북 제재 관련 행정명령을 위반하여 재산이나 재산권이 차단된 자를 위하여 상당한 수준의 상품이나 서비스 및 금융적·물질적·기술적 지원을 제공, 조력, 후원, 지원하는 경우, 해당 개인 또는 기업의 미국 내 모든 재산 및 재산에 대한 권리가 동결될 수 있게 하였다. 이는 '제재 대상자'를 지원한 행위에 대한 2차적 제재를 부과하는 것으로서 제재의 효과를 확실히 하기 위한 미국 행정부의 특단의 조치로 평가된다.

다만 행정명령의 경우 미국 행정부의 재량에 따라 제재 부과 여부가 결정되므로, 반드시 행정명령 상의 모든 조치가 실질적 제재로 이어지지는 않는다. 다시 말해 2차 제재를 포함한 모든 행정명령 13722호 상의 제재는 미 행정부의 정책적 목표에 따라 제재가 부과 또는 면제되거나 아예 적용되지 않을 수도 있다는 특징이 있다.[59]

한편 행정명령 제13722호에 의한 재화, 서비스, 기술의 수출 및 재수출 금지는 미국 상무부 산업안보국(BIS)의 규제와 별개로 다루어진다. 즉, 미국 상무부 산업안보국은 특별 지정 제재 대상이 아닌 자에게 미국 수출관리규정에 따라 북한 정부 및 조선노동당과 관련된 재화, 기술의 수출, 재수출을 허용할 권한이 있는데, 대부분의 경우 지정 제재 대상인 개인 또는 단체에 수출하려는 미국인은 미 재무부 해외자산통제국(OFAC)과 미 상무부 산업안보국(BIS) 모두로부터 허가가 필요할 수 있다. 다만 OFAC은 대북 제재 규정에 근거하여 북한 제재 프로그램과 관련한 일반 허가를 발급한다.[60]

(2) 행정명령 13810호

행정명령 13810호는 2018년에 제재를 통한 적성국 대응법이 제정된 이후 발효된 행정명령으로서, 대북 제재 대상의 범위를 확대하고 북한 내에서 건설, 에너지, 금융 서비스, 어업, 정보기술, 제조업, 의료, 광업, 섬유, 운수업에 관련된 일을 하거나 또는 북한에 상품, 서비스, 기술을 수출하거나 이를 수입하는 일에 관련된 자, 그리고 이 행정명령에 따라 자산이 동결된 자를 지원하거나 경제적·물적·기술적 지원 또는 상품 및 서비스를 제공한 자도 제재 대상에 포함시켰다. 참고로 이와 같은 대북 제재 범위의 확대 조치는 거래 상대자로

하여금 북한과 미국 둘 중 하나를 선택하도록 하기 위한 조치로 평가된다.[61]

또한 행정명령 제13810호 제3항과 이를 도입한 OFAC 대북 제재 규정(31 CFR Part 510) 510.201(d)항에 따라 미국 재무부 장관은 북한인이 어떠한 해외 계좌를 소유하거나 통제하는지 여부, 북한인과 이해관계가 있는 자금을 이체하는 데 어떠한 해외 계좌가 사용되었는지 여부를 판단할 수 있고, 그러한 계좌로의, 그러한 계좌로부터의, 또 그러한 계좌를 통과하는 자금을 동결할 것을 명할 수 있다.

한편 행정명령 13810호 제4항에서는 해외 금융기관들에 대하여 2017년 9월 21일자로 (i) 행정명령 13551호, 13687호, 13722호, 13810호에 따라 자산이 동결된 자, 또는 행정명령 13382호에 따라 북한과 관련된 행위로 자산이 동결된 자를 대리하거나, (ii) 북한과의 거래(trade)와 연관되어 알면서(knowingly) 상당한 거래를 수행하거나 용이하게 한 경우(knowingly conducting or facilitating any significant transaction)가 제재 활동에 해당한다고 규정하고 있다.

참고로 OFAC은 대북 제재 규정(31 CFR Part 510)에서 '상당한 거래'(significant transaction)의 기준에 대하여 명시하고 있다. '상당한 거래'(significant transaction)란 (a) 거래의 규모, 숫자, 빈도, (b) 거래의 성질, (c) 경영진의 인지 정도 및 해당 거래가 행위 패턴의 일부였는지 여부, (d) 해당 거래와 제재 대상과의 연관성, (e) 법에 명시된 목적상 해당 거래의 영향력, (f) 해당 거래가 기만적 관행과 연계되어 있는지, (g) 케이스 별로 미국 재무부가 관련성을 인정하는 여타 요소들을 감안하여 OFAC이 판단하는 것으로, 그 재량의 여지가 넓은 것으

로 해석된다.[62]

즉, 미국 재무부 장관은 북한인이 어떤 해외 계좌를 소유하거나 통제하는지 여부 또는 어떠한 해외 계좌가 북한인이 이해관계가 있는 자금을 이체하는 데 사용되었는지 여부를 판단할 수 있고, 그러한 계좌로의, 그러한 계좌로부터의, 그러한 계좌를 통과하는 자금을 동결할 것을 명할 수 있게 되었다.

또한 행정명령 제13810호와 대북 제재 규정에 따라, 미 재무부는 해외 금융기관의 미국 내 대리 계좌(correspondent account) 또는 대리 지불 계좌(payable-through account)의 개설 또는 유지를 금지하거나 이에 엄격한 조건을 부과하기에 앞서, 해당 해외 금융기관이 알면서도 하나 또는 그 이상의 제재 대상 활동에 관여하였음을 밝혀야 하고, 그러한 점이 밝혀지면 미국 재무부는 해당 해외 금융기관을 차단할 수도 있다.[63]

이때 미국 재무부가 미국 내 대리 계좌(correspondent account) 또는 대리 지불 계좌(payable-through account)의 유지에 대하여 엄격한 조건을 부과하기로 결정할 경우, 해외금융기관의 미국 내 대리 계좌(correspondent account) 또는 대리 지불 계좌(payable-through account)를 개설하는 것을 금지하기로 결정하는 경우에 미국 재무부는 해당 해외 금융기관의 이름과 실제 부여된 엄격한 조건 또는 부여될 조건을 OFAC 웹사이트(www.treasury.gov/ofac)의 대리 계좌(Correspondent Account) 또는 대리 지불 계좌(Payable-Through Account) 제재 목록(CAPTA)에 게재하고, 미국 연방공보를 통해 발표한다. 미국 재무부가 해외 금융기관의 재산 또는 재산 가치를 동결하기로 결정할 경우,

기관명이 OFAC의 특별 지정 국민 및 제재 대상자 명단(SDN 목록)에 등재된다.

한편 행정명령 13810호는 북한 항구 또는 공항을 통과한 선박 및 비행기와 기항했던 타 선박의 물건을 받아 실은 선박에 대해 180일간 미국 입항 또는 입국을 금지하고 있다. 다만 조난당한 선박이 미국 항구에서 호출하는 것과 항공기가 미국 내에서 비 운송 목적 착륙(non-traffic stop) 또는 긴급 착륙을 하는 것은 허락하고 있다.

제3장

미국의 대북 제재
해제 프로세스 전망

I. 개요

앞에서 살펴본 바와 같이, 국제사회의 대북 제재는, 대표적으로 유엔 안보리 대북 제재 결의와 미국의 독자적 대북 제재로 나눌 수 있다. 유엔 안보리 대북 제재의 경우 유엔 안보리 결의를 통해 대북 제재를 완화하거나 해제할 수 있는데, 유엔 안보리 이사국(15개국) 전원의 합의(consensus)를 필요로 하기 때문에 한 국가라도 반대할 경우 유엔 안보리 결의에 따른 대북 제재를 해제할 수 없다. 특히 거부권을 가지고 있는 유엔 안보리 상임이사국의 반대라면 대북 제재 해제는 더더욱 요원하다. 그런 의미에서 대북 제재 해제의 관건은, 결국 실질적인 대북 제재 효력을 발휘하고 있는 미국의 대북 제재 해제 여부에 달려 있다.

이에 본 장에서는 미국의 대북 제재 완화 해제 요건을 먼저 살펴본 다음, 역사적으로 미국의 경제 제재 해제의 대표적인 사례를 가지고 향후 미국의 대북 제재 해제 프로세스를 전망해 보고자 한다.

미국의 대북 제재법은 2016년 '북한 제재 및 정책 강화법'이 제정되면서 강화되어 왔는데, 위 법에서 대북 제재 유예 및 해제에 대한 요건을 규정해 두었다. 그 후 2017년에 제정된 '제재를 통한 적성국 대응법'에서 대북 제재에 관한 내용을 강화하면서 대북 제재 완화 및 해제 요건에 대해서는 특별히 규정하지 않았다. 그런데 최근 윌비어법이 제정되었다. 위 법은 대북 제재의 해제 요건은 '북한 제재 및 정책 강화법'을 원용하면서도, 웜비어법에 따라 부과된 대북 제재에 대해서는 별도의 대북 제재 중단, 면제 사유를 규정하고 있다. 이하에서 차례대로 살펴보겠다.

Ⅱ. 미국의 독자적 대북 제재 완화 및 해제 요건

1. 미국의 대북 제재 완화 요건

북한 제재 및 정책 강화법 제401조는, 미국 대통령은 북한 정부가 ① (검증 가능하게) 미국 달러 위조 활동 중단, ② 돈세탁의 중단(방지) 및 재정 투명성 강화 조치, ③ 유엔 안보리 결의 준수 검증, ④ 납치, 감금, 억류 중인 외국인 송환, ⑤ 인도주의적 지원 배분 및 감독과 관련한 국제적 규약 인정과 준수, ⑥ 정치범 수용소의 생활환경 개선 등 6가지 요건에 대하여 진전(progress) 등의 사유가 있다는 점에 대하여 미국 의회에 증명할(certify) 경우 최대 1년간 대북 제재를 유예하는 조치를 할 수 있다.[64] 이 경우 미국 대통령은 북한 정부가 위 요건들을 지속적으로 준수한다는 점을 증명함으로써 180일 주기로 추가 연장을 할 수 있다.[65]

2. 미국의 대북 제재 해제 요건

북한 제재 및 정책 강화법 제402조는 동법 제401조의 위 6가지 요건(대북 제재 완화 요건)을 충족하였다는 전제하에, ① 완전하고 검증 가능하며 비가역적인 비핵화(핵, 생화학, 방사능 무기 및 프로그램 포함)(CVID), ② 정치범 수용소의 수감자 전원 석방(북한인 포함), ③ 평화적 정치 활동에 대한 검열을 중단할 것, ④ 투명하고 열린 사회를 수립할 것, ⑤ 억류되고 납치된 미국인에 대한 북한 당국의 해명과 송환 등의 요건에 관하여 미국 대통령이 북한 정부가 '상당한 진전' (significant progress)을 했다고 판단하고, 이를 미국 의회에 증명할 경우 대북 제재를 해제 가능하도록 하였다.

북한의 비핵화 조치인 '완전하고 검증 가능하며 비가역적인 비핵화(핵, 생화학, 방사능 무기 및 프로그램 포함)(CVID)' 외에 정치범 수용소의 수감자 전원 석방(북한인 포함) 등의 북한 인권 개선 조치도 포함되어 있어, 북한 정부가 획기적인 정책 변화가 없는 이상, 북한 정부가 미국의 대북 제재법상 대북 제재의 완전 해제 요건을 받아들이기 어려운 요건이 포함되어 있다는 점을 유의할 필요가 있다.

3. 웜비어법상의 대북 제재 중단, 종료 사유

웜비어법의 특징은, 이 법에 따라 제재가 부과된 사항에 대해서 대북 제재를 중단할 수 있는 내용이 포함되어 있다는 점이다. 즉 웜비어법 제7143조 (a), (b)는 "① 북한 정부가 대량살상무기의 확산과 실험을 검증 가능한 수준으로 중단하기로 약속하고, 북한의 대량살상무기와 탄도 미사일 프로그램을 영구적으로 검증 가능하게 제한하는(limit) 것을 목표로, 미국 정부를 포함한 다자 회담에 참여하는 경우, 또는 ② 대북 제재 중단이 미국의 국가 안보 이익에 매우 중요한 경우"에 미국 대통령이 위 사항들을 미국 의회의 관련 위원회에 증명하면(certify), 180일을 초과하지 않는 범위 내에서 웜비어법 대북 제재 규정 중 어느 하나 이상을 중단할 수 있고, 이는 갱신 가능하다.[66]

웜비어법의 대북 제재 중단 사유에는 대량살상무기와 탄도 미사일 프로그램 등과 관련된 구체적인 요건이 포함되어 있는 반면, 북한 제재 및 정책 강화법의 중단 요건(제401조)에는 유엔 안보리 결의 준수 검증 이외에 직접적으로 대량살상무기 등과 관련된 요건이 없다는 측면에서 차이점을 보인다. 이는 2016년 북한 제재 및 정책 강화법 제정 당시와는 달리, 최근 미국 의회가 북한과의 비핵화 협상에 있어 북한의 비핵화 약속이 중요하다는 점을 한층 더 강조한 것으로 보인다. 한편, 웜비어법의 대북 제재 종료 사유는 미국 대통령이 북한 제재 및 정책강화법 제402조에 기재된 요긴들을 미국 의회에 증명하는(certify) 날 종료된다고 명시하고 있다.[67]

Ⅲ. 미국의 독자적 경제 제재 해제 사례 및 유형

1. 서론

미국의 독자적 제재를 대외정책 목표에 따라 분류하면, ⅰ) 베트남, 쿠바, 미얀마처럼 미·소 냉전 시대에 사회주의 국가로서 제재를 받은 국가, ⅱ) 리비아, 수단, 이란과 같이 중동 또는 아프리카 지역의 평화와 안정이라는 미국의 정책에 반대하여 테러 행위를 자행하고, 핵·미사일과 같은 대량살상무기를 구매, 유통 내지 생산하는 국가로 크게 나누어 볼 수 있다. 그리고 이들 제재 대상 국가가 미국의 정책에 반하는 행위(테러 행위)를 하면, 미국법상 국제 테러 행위 지원국가로 지정되고, 테러지원국에 대한 경제 제재도 받게 된다. 나아가 이러한 국가(정권)가 장기간 집권하면서 독재국가(정권)가 되면 미국의 대외정책 중 하나인 민주주의 확산 및 인권 보호에도 반하게 되어 이에 대한 제재를 받게 된다.

앞서 살펴본 바와 같이, 북한은 1950년 한국전쟁 이후 사회주의 공산국가로서 미국의 경제 제재를 받아왔고, 1980년대 대한항공기 폭탄 테러 사건을 일으켜 테러지원국으로 지정되었으며, 이후 핵 개발과 대량살상무기 개발을 이유로 국제사회의 제재는 물론 미국의 독자적 제재 대상이 되었다. 이러한 점을 보면 북한에 대한 경제 제재 유형은 리비아, 베트남, 쿠바, 미얀마, 수단, 이란이 각 제재를 받았던 배경과 원인 모두에 해당된다고 할 수 있다.

미국의 독자적 제재 완화 내지 해제 조치 이후 원복된 리비아, 쿠바, 이란과 같은 사례를 실패 사례로 본다면, 베트남, 미얀마처럼 제재 완화 및 이 과정에서 미국과의 관계 정상화를 이루고 현재까지 유지되고 있는 사례들은 성공 사례로 분류할 수 있다. 이러한 각각의 사례를 통해 향후 미국이 북한에 대한 독자적 경제 제재를 해제한다면 어떠한 해제 프로세스를 거칠지를 도출해 보고, 각각의 해제 사례가 북한에 대한 경제 제재 해제에 주는 시사점을 살펴보고자 한다.

2. 리비아[68]

가. 경제 제재 배경 및 주요 내용

(1) 2011년 이전

리비아는 1979년 이라크, 시리아, 남예멘과 함께 국제 테러리즘 지원국으로 지정되었다. 이후 1986년 레이건 대통령이 국제비상경제권한법(IEEPA)에 근거하여 '국가비상'(national emergency)을 선포하고[69] 이와 관련한 행정명령들을 공포함으로써 리비아는 미국의 포괄적인 경제 제재, 즉 직접 무역 금지 및 금융 거래의 제한을 받게 되었다. 2006년 5월 15일 조지 부시 대통령이 리비아의 테러지원국 해제를 발표할 때까지 미국의 대 리비아 경제 제재는 계속되었다.

리비아의 국제 테러리즘 지원 행위는 1972년부터 시작되었다. 1972년 뮌헨 올림픽에 출전한 이스라엘 선수들과 1973년 수단의 미국 대사 암살 사건의 배후로 리비아가 지목되었고, 또한 1986년 베를린에 있는 라벨르 클럽(LaBelle Discotheque) 폭탄 테러와 로마와 빈 공항 테러 사건, 1988년 로커비(Lockerbie) 상공에서 일어난 팬암(PanAm) 103기 폭탄 테러와 1989년 나이제르(Niger) 상공에서 벌어진 UTA 제트기 폭탄 테러 사건에 대해서는 리비아가 직간접적인 책임이 있다고 밝혀진 바 있다. 1980년대부터 1990년대까지 미국과 리비아 간에는 직접적인 군사적 공격 또는 테러 행위가 빈번히 이뤄졌는데, 이 중 특히 1988년 12월의 팬암(Pan Am) 103기 폭탄 테러와 1989년 9월의 UTA 772기 폭탄 테러는 국제사회, 즉 유엔에 의한 대리비아 경제 제재에 동참하는 계기가 되었다.

리비아에 대한 유엔의 경제 제재는 2003년 9월 유엔 안전보장이사회가 채택한 결의안 748호와 결의안 883호를 폐기할 때까지 계속되었다. 그 주요 내용은 아래 표와 같다.

〈표3〉 리비아에 대한 유엔의 경제 제재

시기	내용
1992년 1월 21일	• 유엔 안전보장이사회 결의안(UNSCR) 731 통과: 리비아 정부가 팬암기와 UTA기 폭파 사건 조사에 협조하고, 테러리즘을 지원하는 모든 활동을 중지할 것을 요구
1992년 3월 31일	• UNSCR 748: 리비아에 대한 항공과 무기 수출입통제(embargo) 조치 • 1992년 실행된 1단계 조치는 항공 운항 금지 및 항공 부품의 수출입 금지, 무기 판매 및 수출입 금지 등이 주요 골자로, 다소 제한적 범위에 그침
1993년 11월 11일	• UNSCR 883: 제재 강화 • 리비아 정부 및 민간 기업의 해외자산 동결, 석유 장비 금수조치 등이 추가되어 실질적으로 리비아 경제를 고립시킴은 물론 경제에 치명타가 됨[70]

※ 참고: Michele Dunne, *"Libya: Security is not enough"*, (Carnegie Endowment, October, 2004), p. 3.

국제사회의 제재와는 별도로 리비아에 대한 미국의 독자적 제재는 1979년 테러지원국 지정에 따라 무기수출통제법(AECA: Arms Export Control Act), 수출관리법, 대테러 및 효과적인 사형 구형법(Anti-terrorism and the Effective Death Penalty Act) 아래 실행되었다.

내용별로 살펴보면, 1986년 1월 7일 국제비상경제권한법(IEEPA)의 적용으로 무역 및 특정 금융거래의 제한이 시작되었는데, 이 법에 따라 대통령은 재산을 몰수하고 거래를 금지할 수 있었다.[71] 당시 레이건 대통령은 이 법에 따라 리비아에 대한 '국가비상'(National Emergency)을 선포하고, 행정명령 12543호와 행정명령 12544호를 공포하였다. 행정명령 12543호로 리비아에 대한 상품, 기술, 서비스의 수출입 금지, 미국 시민권자 또는 영주권자의 리비아 여행 관련 거래 또는 리비아 내에서 그들의 활동과 관련된 거래 금지, 리비아 정부에 대한 차관 또는 신용 제공이 금지되었다. 그러나 OFAC은 미국 상품이 리비아로 선적되기 이전에 새롭고 다른 상품으로 '충분히 변형될' 부품과 구성물을 제3세계로 판매하는 것과 리비아를 거쳐 가는 제3세계 유통업자의 상품 판매는 허용한다는 방침을 두었다.[72]

행정명령 12543호가 리비아에 대한 미국 기업의 수출입을 금지했다면, 행정명령 12544호는 미국 내 리비아의 자산을 동결한 명령이다. 이 명령에 따라 리비아 정부의 재산은 모두 동결되었다. 미국 재무부는 국무부와 협의하여 이 명령을 수행하는 조항들을 제정할 수 있었다.[73] 행정명령 12543호에 의한 리비아에 대한 무역 금지는, 1999년 8월 2일 미국 회사들이 리비아에 농산물과 의약품을 수출하고자 할 때 OFAC에 허가를 신청할 수 있도록 해외자산통제규정

(Foreign Asset Control Regualtion)을 수정하여 완화되었다.

〈표4〉 1980년대~1990년대 리비아에 대한 미국의 제재 관련 행정명령

행정명령	내 용
행정명령 12538 (1985)	국제안보개발협력법(1985)에 따라 리비아로부터 석유 수입을 금지
행정명령 12543 (1986. 1. 7)	수출입(제3국 통한 수입 포함)·운송, 계약 체결 또는 신용·대출 금지
행정명령 12544 (1986. 1. 8)	미국의 사법 관할에서 리비아에 의해 보유된 모든 재산·자산 동결
행정명령 12801 (1992. 4. 15)	리비아에서 오거나 리비아로 가는 항공기의 미국 영공에서 이착륙 금지[74]

(2) 2011년 이후

2011년 2월 15일, 40년 이상 장기 집권하던 카다피 정권에 대한 반정부 시위가 시작되었고, 이러한 반정부 시위가 트리폴리(Tripoli) 수도까지 번지면서 리비아의 '민주화 시위'가 확산되었다. 카다피 정부가 무장하지 않은 시민들에게 무자비하게 대응하면서, 국제사회에서 리비아 시민들에 대한 인권 탄압, 무자비한 폭력 등에 대한 우려가 높아졌다.[75]

미국 오바마 대통령은 2011년 2월 25일 행정명령 135669호를 공포하여 "카다피 정부가 시민들에 대한 폭력을 자행하고 리비아 자산을 유용하고 있으며, 이로 인하여 리비아의 안전 보장이 위협을 받고 있다"라고 하며, 이러한 리비아 사태를 미국의 국가적 비상(national emergency)으로 재규정하였다. 유엔 안전보장이사회도

2011년 2월 26일 시민들에 대한 리비아 정부의 폭력을 규탄하며 결의안 1970호를 채택하여 리비아 정부 주요 인사(카다피 가족)에 대한 여행 및 자산 동결 조치를 취하였다. 그 결과 리비아는 2011년도 이후 국제사회 및 미국의 독자적 제재의 대상이 되었다.

또한 미국은 2016년 4월 19일 행정명령 13726호를 제정하여 리비아의 평화와 안보를 위협하는 인물로서 미국 재무부가 지정한 자의 범위를 확대하여, 그들의 미국 내 자산 동결, 미국인과의 거래 금지 등의 제재를 부과하고 있다.

나. 2000년대 제재 완화 배경과 과정

리비아에 대한 미국의 독자 제재는 2000년대 완화되었다가 2011년도 리비아의 민주화 운동에 대한 카다피 정권의 무력 진압을 계기로 다시 강화된 바 있다. 이하에서는 먼저 2000년대 완화된 배경을 살펴보고자 한다.

1999년 리비아 고위 관료들은 미국 클린턴 정부에 접근하여 미국이 대테러 제재를 완화해 주면 리비아의 화학 무기 프로그램을 폐기하겠다고 제안했다. 그러나 미국과 유엔은 리비아가 팬암 103기 폭발 사건에 대한 요구사항에 따르도록 계속 압력을 넣기 위해 이 제안을 거절하였다.[76] 결국 1999년 4월 5일 팬암 103기 폭파 사건의 용의자인 리비아인 두 명이 리비아에서 네덜란드의 헤이그(Hague)로 인도됨으로써 유엔 안전보장이사회가 리비아에 대한 제재를 중단하였다.[77] 이에 따라 국제사회의 경제 제재 및 미국의 독자적 제재의 해제가 논의되기 시작하였다. 이 단계의 구체적 협상 의제는 '팬암 103기와 UTA 항공기 테러 희생자들에 대한 책임 인정과 보상 對 테러지원국 지정으로 인한 경제 제재 해제'이다. 아래 표는 그 협상 과정을 간략하게 표로 정리한 것이다.

〈표5〉 협상 1단계: 팬암 103기·UTA 항공기 폭파 사건의 해결을 위한 협상

결과	시기	협상 내용
유엔의 제재 중단	1999년 4월 5일	리비아가 팬암 103기 폭파 사건의 리비아인 용의자 두 명을 헤이그 국제재판소에 인도하여 유엔 안전보장이사회는 제재 잠정 중단 * 미국 유엔 대표는 리비아가 국제 테러리즘 지원을 그만두고, 테러 희생자 가족들에 대한 보상과 재판에 대한 충분한 협조를 포함해서 유엔 결의안들에 따른 다른 조건들을 만족시킬 때까지 유엔 제재의 완전 해제를 지원하지 않을 것이라고 말함
리비아·미국의 외교 관계 재개	1999년 6월 11일	18년 만의 미국-리비아 첫 공식 회담
	1999년 7월 8일	미국은 리비아와 15년간 중단되었던 외교 관계를 재개: 리비아가 1984년 런던에서 리비아 대사관 밖에서 여성 경찰에 대한 총격에 대해 "일반적 책임"을 받아들인 이후 15년 만에 외교 관계 재개
	1999년 7월 17일	보상금 지급: 리비아는 1989년 UTA기 폭발 사건의 유족들에게 보상금으로 프랑스에 3,100만 달러를 지급

2001년 1월 31일, 헤이그 재판소는 팬암 103기 폭파 사건의 용의자 중에 한 명에게 살인 혐의 유죄를 선고하였다. 그러나 미국은 이 판결이 미국의 대 리비아 제재를 거두지는 않을 것이라고 명백히 밝혔고, 희생자 가족에 대한 보상과 책임 인정을 포함하여 리비아가

유엔 결의안의 다른 조건들을 충족시켜야 미국의 경제 제재를 해제할 것이라고 발표하였다. 당시 영국도 미국의 이런 입장을 지지했다. 이러한 미국의 강경한 입장에 따라 2001년 7월 27일, 미국 의회는 재계와 부시 정부의 반대에도 불구하고 이란-리비아 제재법(ILSA)을 향후 5년 동안 연장하였다. 이러한 미국의 태도는 리비아가 대량살상무기 프로그램의 해체를 공식 선언할 때까지 변하지 않았다.

결국 2003년 12월 19일 리비아는 WMD를 해체하고 즉각적이고 포괄적인 완전검증한 조사를 하도록 공개할 것이라고 발표했고, 미국 부시 정부도 리비아가 다음을 약속했다고 발표했다.

- 화학무기 및 핵무기 프로그램 제거
- IAEA에 모든 핵 관련 활동 밝힘
- 300km 범위 넘는 지역의 500kg 탄두미사일 제거
- 리비아가 NPT를 완전히 준수하고 있다는 것을 확실히 하기 위해 국제적 조사를 받아들이고 추가 프로토콜[78]에 서명.
- 모든 화학무기와 군수품 재고를 제거하고 화학무기 조약(CWC: Chemical Weapons Convention)에 가입.
- 이 모든 조치들에 대해 완전한 검증을 위하여 조사와 모니터링을 즉각적으로 허용[79]

그러나 이러한 리비아의 발표에도 불구하고, 부시 대통령은 미국 의회에서 "1986년 1월 7일에 국가비상으로 선포된 리비아와 미국 간의 위기는 비록 긍정적인 발전이 있어 왔음에도 아직 완전히 해소되

지 않았다"라고 말하며 리비아에 대한 국가비상을 유지할 것이라고 공지하였다. 그리고 "리비아의 '2003년 12월 19일 선언'은 구체적인 단계에 의해 확증되어야 한다"라고 주장하였다. 이에 따라 1986년 이후 매년 미국 의회와 연방공보에 공지해 오던 리비아로 인한 '국가 비상'의 선포를 2004년 1월 5일까지 계속 공지하였다.[80]

아래 협상 2단계 표에서 볼 수 있듯이, 유엔 결의안에 의한 리비아 제재의 완전 해제는 리비아의 테러 행위의 희생자들에 대한 충분한 보상금 지급이 관건이었으나, 미국이 부과한 제재의 해제는 리비아의 핵과 WMD 프로그램 해체 협상으로 가능해졌다. 리비아는 핵 비확산 관련 국제조약에 가입해야 했고, 이러한 조약에 따른 리비아 사찰을 받아들였다. 이 과정에서 미국 정부는 2004년 4월 23일 마침내 대리비아 제재 완화를 발표한다.

〈표6〉 협상 2단계: 핵·WMD 프로그램 해체 협상

결과	시기	협상의 내용
유엔 제재 해제	2003년 8월	• 리비아, 미국 및 영국과 합의: 팬암기 폭파에 대한 책임 인정 - 리비아는 유엔 안보리에 팬암 103기 폭파 사건에 대해 "주권국가로서 리비아의 공식 조치에 대한 책임을 받아들인다"라는 내용의 서신을 제출 • 테러리즘 포기: 테러 희생자들에 대한 보상금 270억 달러에 합의, 지급 기한은 미국과 유엔 제재의 해제 시기와 연결 ** 유엔 제재가 풀리면 유족들은 400만 달러를 받게 되고, 나머지 400만 달러는 미국 제재가 풀렸을 때 지급되며, 마지막 200만 달러는 테러리즘 리스트에서 제거되었을 때 지급. 가족들이 두 번째, 세 번째 지급을 받기 위해선 8개월 내에 미국이 제재를 거둬야 함

결과	시기	협상의 내용
유엔 제재 해제	2003년 8월 18일	· 영국은 유엔 제재의 해제를 요청하는 결의안을 제출 · 미 국무부 장관이던 파웰(Powell)은 "유엔 제재의 해제가 미국의 양국 관계에 영향을 미치지 않을 것"이라고 말함. · 프랑스는 리비아가 UTA기 사건에 대한 보상금을 더 늘리지 않으면 결의안에 비토권을 행사하겠다고 위협.
	2003년 9월	유엔 안보리는 공식적으로 결의안 748호와 결의안 883호에 의한 제재를 해제 (프랑스와 리비아가 UTA 문제에 대한 임시 합의에 도달한 이후)
WMD 프로그램 해체	2003년 12월 19일	미국의 부시 대통령과 영국의 블레어 총리는 9개월간의 비밀 협상 후, 리비아가 WMD 프로그램을 포기하는 등의 조치를 취하는 데 동의했다고 발표
	2004년 1월 19일	미국과 영국의 무기 전문가들은 리비아의 대량살상무기 프로그램과 관련한 기술과 물질들을 해체, 제거, 폐기하기 위해 리비아로 입국
	2004년 1월	· 리비아는 UTA 722기 폭파 사건으로 죽은 사람들의 가족들에게 프랑스에 추가적인 1억 7천만 달러의 보상금을 지급하기로 합의에 서명 · 리비아는 핵실험금지조약에 가입하고 그 조약에 의한 핵 사찰에 동의 · 또한 리비아는 화학무기조약에도 가입
	2004년 3월 5일	리비아는 화학무기금지기구(OPCW: Organization for the Prohibition of Chemical Weapons)에 자국의 화학무기 프로그램에 대해 상세히 기술한 문서들을 넘김

이로써 미국 정부는 리비아 내에서 미국 여권의 사용과 미국 시민의 소비를 허용하며, 리비아와 사업 계약 협상을 할 수 있도록 허용하였다. 또한 리비아가 워싱턴에 외교적 이익대표부(interest section)를 열 수 있도록 허용하고, 미국은 리비아에 대한 인도주의적 개발 프로젝트를 시작하였다.[81]

이하에서는 미국이 리비아에 대한 경제 제재를 해제하면서 어떠한 해제 프로세스를 거쳤는지 살펴보겠다.

(1) '국가비상'의 종료

2004년 9월 21일 부시 대통령이 행정명령 13357을 공포함으로써 리비아로 인한 '국가비상'은 끝이 났다. 이 명령은 "국제비상경제권법과 국가비상법(NEA), 국제연합참여법(UNPA), 국제안보개발협력법(International Security and Development Cooperation Act), 운송법(Transportation)의 비상권 관련 조항,[82] 대통령법의 301조[83])에서 대통령에 부여한 권한에 따라 공포한 1986년 1월 7일의 행정명령 12543호와 1월 8일의 행정명령 12544호, 1992년 4월 15일의 행정명령 12801호를 폐지"하는 내용을 담고 있다. 즉, 리비아의 대량살상무기 및 미사일 기술 통제 체제(MTCR: Missile Technology Control Regime) 제거를 위한 노력과 조치들에 의해 국가적 비상 상황이 변했다고 보고 이에 따라 상황을 종결한 것이다.[84] 아래 표는 이러한 국가비상 종료 전후에 취해진 경제 제재 해제의 내용을 정리한 것이다.

〈표7〉 리비아에 대한 '국가비상'의 종료와 경제 제재 해제

	시기	경제 제재 해제의 내용
미국의 경제 제재 해제	2004년 4월 23일	· WMD를 해제하는 과정에서 부시 대통령은 리비아에 더 이상 ILSA를 적용하지 않기로 함. 미 재무부는 IEEPA 하에 미국 기업들에 부과된 제재를, 대부분의 상업적 활동, 금융 거래, 투자 결정을 재개할 수 있도록 수정 · 리비아의 WTO 가입에 대한 반대를 철회

	시기	경제 제재 해제의 내용
미국의 경제 제재 해제	2004년 6월 29일	· 미국은 공식적으로 리비아와 외교 관계를 재개: 트리폴리에 연락사무실 개설
	2004년 7월 27일	· WTO(World Trade Organization) 국가들은 리비아의 가입 협상 시작 (2001년 이후 미국에 의해서 리비아 가입 협상 중지되어 있었음)
	2004년 9월	· La Belle 폭파의 희생자들에게 보상하기로 동의
	2004년 9월 21일	· 미국은 IEEPA 제재를 풂, '국가비상' 종료
	2004년 12월 16일	· 리비아 중앙은행의 부행장이 미 정부에 의해 동결된 자산을 받았다고 발표. 동결된 자산의 원금은 4억 달러였는데, 풀린 자금은 이자가 붙어서 10억 달러 정도였음
	2006년 3월 23일[85]	· 미국 수출입은행은 리비아와의 사업에 신용 제공 등 재개

    리비아에 대한 국가비상 선포를 종료함으로써, 미국은 양국 간의 항공 운항을 허용하고 미국이 제작한 항공기 구입을 허락하였으며 미국에 동결되어 있던 약 10억 달러의 자산을 풀어 주었다.[86] 이러한 완화 조치의 결과 민간 미국인들이 리비아와 무역을 할 수 있었고, 리비아 여행을 제한하던 대부분의 제재가 풀렸다.[87] 이 명령은 미국 의회에 제출되고, 연방공보에 게재됨으로써 9월 22일 시행되었다.
    이후 2005년 9월 28일 미국 부시 대통령은 무기수출통제법이 리비아에 방산물자 수출을 제한한 것에 대한 2가지 예외 조항을 공포했으며, 이 예외 조항들은 미국 회사들이 리비아의 화학무기 분쇄 등에 참가할 수 있도록 허용했다.[88]

(2) 테러지원국 해제

2006년 5월 15일 미국 부시 대통령은 리비아와 모든 외교 관계를 복원하고 테러지원국 명단과 미국의 대테러 활동에 완전히 협조하지 않은 국가 명단에서 삭제하겠다는 대통령 결정문(Presidential Determination No. 2006-14)[89]을 발표하였다. 이 결정문에는 "리비아 정부가 지난 6개월 동안 국제 테러리즘에 대한 어떤 지원도 하지 않았고, 앞으로도 지원하지 않을 것이란 확신을 주었다"라고 밝히고, 리비아 정부가 수출관리법에 규정되어 있는 테러지원국 지정 해제의 기준에 해당됨을 의회에 공지했다.[90]

미국 대통령 결정문 발표에 이어 부시 행정부는 2006년 5월 31일 리비아의 트리폴리에 있는 연락사무실을 대사관으로 승격시킴으로써 리비아와의 외교 관계를 복원시켰다. 2006년 5월 15일부터 6월 29일까지 지속된 45일간의 의회 공지 기간에 몇몇의 의원들과 리비아가 지원했거나 후원했던 테러리스트의 공격으로 죽거나 다친 사람들의 가족들이 미국의 정책 변화에 반대를 표명했으나, 미국 의회는 리비아의 테러지원국 명단 삭제를 거부하거나 미국의 방위물자 판매 금지를 해제하는 것에 반대하는 공동 결의안을 통과시키지 않았다.[91] 이에 따라 45일 의회 공지 기간이 끝난 후 2006년 6월 29일에 미국 국무부 장관은 리비아를 명단에서 즉각적으로 삭제하고 별도의 발표 없이 2006년 6월 30일 미국의 방위물자 수출을 포함하여 대미 무역에 남아 있던 제한들이 제거되었다. 아래 표는 리비아의 테러지원국 해제 과정을 표로 정리한 것이다.

###〈표8〉 리비아의 테러지원국 해제 과정

시기	내용
1979년	테러지원국 지정
1986년	포괄적 경제 제재, 즉 무역 금수조치 및 자산 동결
1992년	리비아 직항·경유 항공기 모두 미국 영공에서 이착륙 금지
1996년	이란-리비아 제재법(ILSA) 제정
1999년 4월	리비아가 팬암 103기 용의자를 국제재판에 인도하여 UN이 리비아에 대한 경제 제재 중단(완전한 해제는 아님)
2003년 9월 12일	유엔의 경제 제재 11년 만에 해제
2003년 12월 19일	리비아는 WMD 해체하고 국제사회의 조사를 받도록 공개하겠다고 발표(리비아·미국·영국의 비밀 협상 결과)
2004년 1월	리비아는 핵실험금지조약과 화학무기조약에도 가입
2004년 2월	미국은 리비아 여행 제한 해제
2004년 4월 23일	미국은 ILSA 적용을 더 이상 하지 않기로 함, 미국 기업이 리비아와 사업하지 못하도록 한 규정을 대부분 풂
2004년 6월 29일	미국은 리비아와 공식적으로 외교 관계 재개, 트리폴리에 연락사무실 개설
2004년 7월	2001년 막혀 있던 리비아의 WTO 가입에 대한 논의 시작
2004년 9월	IEEPA에 의한 리비아 내상의 '국가비상' 끝냄, 무역금수조치 해제, 님아 있는 상업과 여행 제한 해제, 동결 자산 해제, 수출입은행 대출 금지 해제, OPIC 보증, 미국 농업개발 프로그램 지원, 양국 간 직항기 금지 해제가 포함됨
2006년 3월	미국 수출입은행은 리비아와의 사업을 개시 발표
2006년 5월	트리폴리에 있던 연락사무소가 대사관으로 승격됨, 테러지원국 해제 결정 발표

시기	내용
2006년 5월 16일	미국은 리비아와의 관계 정상화를 위한 3가지 수단들을 발표 ① 미국의 연락 사무실을 대사관으로 승격 ② 리비아를 테러지원국 명단과 ③ 대테러 활동에 비협조적인 국가 명단에서 제거[92]
2006년 7월	미국은 리비아를 테러 지원국 명단에서 삭제, 그러나 테러 희생자들에게 200만 달러를 갚아야 함[93]

3. 베트남의 경제 제재 해제 사례

가. 경제 제재의 배경 및 주요 내용

미국은 미국의 국가 안보를 이유로 1953년에 적성국교역법에 수출 통제되는 물품들의 해외 무역의 제한을 추가하였는데, 이는 중국, 북한, 북베트남, 캄보디아의 자산에 적용되는 근거가 되었다. 1964년 통킹만 사건으로 미국과 북베트남 사이의 갈등이 격화되자 미국은 북베트남과의 무역과 금융 거래를 전면적으로 금지하는 등 본격적인 경제 제재를 단행하였다. 이후 1975년 북베트남이 베트남 전역을 사회주의 공화국으로 통일하자 북베트남에 대한 미국의 경제 제재는 전체 베트남으로 확대되었고, 미국 내의 베트남 정부와 국민의 자산도 동결시켰다. 이후 베트남이 1978년 12월 캄보디아를 침공하면서 베트남 군을 캄보디아에 주둔시키자 미국의 독자적 경제 제재는 서방과 비공산주의 국가들의 동조를 얻게 되었다.

나. 제재 완화의 배경과 과정

전후 1990년대까지 미국의 대베트남 정책은 전쟁포로 문제(POWs: American Prisoners of War)와 베트남에서 실종된 미국인 문제(MIAs: Missing in Southeast Asia, MISSING-IN-ACTION)[94]의 해결, 캄보디아에서 베트남 군 철수, 베트남의 이민 문제 해결, 특히 전쟁 당시 남베트남에서 미국에 협조했다고 낙인찍힌 베트남 시민들과 다른 국가에 망명을 요청하는 보트피플의 미국 이민 문제에 초점이 맞춰져 있었다.[95] 따라서 미국 정부는 협상 초기부터 양국 관계 정상화 협상의 선결 조건은 이 문제의 해결 여부에 달려 있다는 공식적인 입장을 취하였다.

이후, 베트남 정부가 1978년 12월 캄보디아를 침공하여 베트남 군대를 주둔시키자 미국은 MIAs 문제의 해결과 동시에 베트남 군대의 캄보디아 철수도 함께 요구하고 나서, 1980년대의 베트남은 대내외적으로 과도한 군사비 지출과 경제 계획의 실패 등 어려움을 겪었다.[96] 이러한 어려움을 미국과의 관계 개선으로 돌파하기 위해 베트남은 기존의 입장을 바꾸어 미군 실종자 처리 문제의 협의에 적극적으로 임하기 시작했다.[97]

한편, 베트남은 미국의 독자적 경제 제재와 이로 인한 서방 국가의 원조 중단 등으로 경제난이 가속화되었다. 이러한 상황에서 이웃 나라인 중국과 태국이 개방 정책을 통해 경제난을 극복하는 모습을 보고 베트남식 개혁·개방 정책인 '도이모이' 정책을 추진하기 시작했다. 베트남은 MIAs 문제와 인권 문제에 협력한다면 미국의 독자적 경제 제재를 해제할 수 있을 것이라 기대했지만, 미국은 MIAs 문제의 완전한 해결과 캄보디아에 주둔한 베트남 군의 완전 철수가 실행될 때까지 베트남에 대한 독자적 경제 제재를 유지하겠다는 강경한 입장을 고수하였다. 이에 베트남은 미국의 요구에 부응하기 위해 1989년 캄보디아에서 베트남 군을 완전히 철수하겠다고 선언하였다.

그런데 베트남이 캄보디아에서 철군했음에도 철군 과정의 국제적 입증 결여와 베트남과 미국 간의 정치 문제 미해결을 이유로 미국은 IMF와 세계은행으로 하여금 대베트남 경제 복구 원조 제공을 미루게 하고 베트남의 차관도 봉쇄하게 하였으므로, 이로 인해 베트남은 단지 세계은행으로부터 소량의 원조만을 얻을 수 있었다.[98] 이에 베트남은 더욱 적극적으로 POWs 및 MIAs 문제 해결에 협력하기 시작했다. 미국도 베트남이 캄보디아 문제와 POWs 및 MIAs 문제 해결에 적극 협조하고 인도적 차원에서 베트남 전쟁 당시 미국에 협조한 죄목으로 베트남에 억류되어 있는 베트남인들의 이민을 가능하게 하면, 이에 상응하여 경제 제재 조치를 완화할 것이라며 외교 관계 재개를 위한 로드맵을 제시하였다.[99]

미국은 1991년 4월 베트남의 캄보디아에서의 철군과 POWs 및 MIAs 문제 해결을 전제로, 관계 정상화를 위한 로드맵 4단계를 단계적으로 실행하였다. 1단계는, 베트남의 캄보디아 평화 협정 서명과 POWs 및 MIAs 문제 해결 절차를 시작한 것에 대한 대응으로, 미국은 베트남과의 외교 관계 정상화를 위한 양자 회담 시작과 미국 시민의 베트남 그룹 여행 등을 허용하였다. 2단계로, 베트남의 파리평화협정 준수와 POWs 및 MIAs 문제 해결에 대응하여 미국의 대베

트남 수입 금지 조치를 해제하기 시작하였고, 미국 기업인의 베트남 내 사무소 설치도 허가하였다.[100]

3단계에서는, 베트남이 캄보디아로부터 베트남 군과 군사 고문단을 완전히 철수하고 6개월 경과와 POWs 및 MIAs 문제 해결 완료 및 미군 유해 본국 송환에 대한 대응으로 미국의 대베트남 수입 금지 조치를 완전 해제하였다.[101] 또한 1993년 미국이 국제금융기구의 대베트남 차관 제공에 반대하던 것을 철회함에 따라 미국 기업의 국제금융기구의 프로젝트 참여가 가능해졌다.[102] 이는 미국의 사법 관할권의 지배를 받는 법인격이 이제 베트남과 사업을 할 수 있다는 것을 의미한다. 이로써 베트남은 '국가 그룹 Z'(Country Group Z)에서 폴란드, 루마니아, 슬로베니아 공화국과 같은 '국가 그룹 Y'로 분류되었다.[103]

1995년 7월 11일 공식적으로 미국과 베트남의 외교 관계 정상화가 이루어졌다.[104] 이에 따라 비록 여전히 법적 장애들이 남아있지만, 1995년 회계연도 대외원조세출예산법(Foreign Operations Appropriations Act for Fiscal Year 1995)은 미국국제개발국(USAID)과 무역개발국(TDA), 해외민간투자공사(OPIC)와 수출입은행을 포함한 많은 정부 부처들이 베트남에서의 사업 활동을 막는 조항들을 제거하고, 기존의 예산법률에서 베트남에 대한 미국의 직간접적 지원을 금지하는 내용을 생략함으로써 베트남에 대한 미국의 대규모 원조가 가능해졌다.[105]

4단계로, 캄보디아에서의 자유 총선 실시, 국회 소집 및 신헌법이 제정되고, POWs 및 MIAs 문제 해결을 위한 2년간 목표 달성이 이뤄지자, 1997년 5월 미국은 베트남과 대사급 외교 관계를 수립했고, 베트남에 대한 경제적 최혜국대우(MFN) 조치 부여를 고려하였으며, 국제금융기관의 차관을 완전히 허용하였다.

4. 이란의 경제 제재 해제 사례

가. 경제 제재 배경

1979년 11월 4일 이란의 수도 테헤란에서 대학생 400여 명이 당시 미국 대사관을 습격하여 대사관을 점령하고, 미국 외교관과 대사관 직원을 444일간 인질로 잡은 사건이 발생했다. 이 사건을 계기로 1980년 4월 7일 미국과 이란의 국교가 단절되고, 이란에 대한 미국의 제재가 시작되었다.[106] 이후 1980년부터 3년 동안 이란과 이라크 간의 전쟁에서 미국은 이라크를 지원하며 양국 관계는 더욱 악화되었고, 1983년 이란의 헤즈볼라가 레바논 베이루트에 있는 미국 해군 기지에 폭탄 테러를 가하여 미군 241명을 사살하자 미국은 이란을 테러지원국으로 지정하였다.

이란의 반미 테러 행위 외에 이란의 핵무기 개발 등 대량살상무기 개발 문제도 1995년부터 이란 제재의 또 하나의 배경이 되었다. 이에 1995년 빌 클린턴 행정부는 이란의 대량살상무기 생산을 우려하여 행정명령 12597호를 발효하여 이란의 석유 부문에 대한 투자를 제한하기 시작하였고, 이를 확대하여 이란에 대한 모든 무역 거래 및 투자를 중단하는 조치를 단행하기도 했다. 이후 2002년 이란 반정부 단체가 이란의 핵 프로그램을 폭로하는 사건이 발생하였는데 이를 통해 이란의 핵 활동이 수면 위로 떠올랐고, 마침내 2010년 '포괄적 이란제재법'(CISADA)을 통해 이란에 대해 강화된 제재를 실시하였다.

나. 주요 제재 내용[107]

(1) 대이란 주요 경제 제재

우선 1979년 11월 14일 카터 대통령이 행정명령 12170호를 발효하여 미국 내 이란 정부의 자산을 동결하였고, 1980년 4월 7일 행정명령 12205호, 4월 17일 행정명령 12211호를 통해 미국과 이란 간의 무역을 금지하였다. 이후 2010년 행정명령 13599호, 2012년 2월 5일 행정명령 13599호를 통해 이란 정부가 소유하거나 통제한다고 판단되는 미국 내 법인의 자산을 동결하였다. 이 행정명령에 따라 미국의 은행들은 이란중앙은행이나 이란 정부가 통제하는 법인의 미국 내 자산을 동결해야 했고, 미국 은행과 이란과의 거래가 금지되었다.[108] 이때의 조치는 이후 미국이 포괄적 공동행동계획(Joint Comprehensive Plan of Action, 이하 'JCPOA')에 참여하면서 완화되었다.

한편 1983년 10월 23일 레바논 베이루트에 있는 미국 해군기지의 폭탄 테러에 대응하여, 미국 국무부는 1984년 1월 23일에 이란을 테러지원국으로 지정하였다. 테러지원국 지정은 수출관리법 제6조 (j)항(Export Administration Act of 1979, 이후 개정 사항 포함)에 법적 근거를 두고 있는데, 이에 따르면 미국은 이란에 이중 용도 물품을 판매하지 못하며, 미국 정부의 금융 원조, 수출 보증 등을 할 수 없다.[109] 이후 2019년 9월 10일에는 행정명령 13224호를 수정하여 이 행정명령에서 지정한 자나 단체와 중요한 거래를 하거나 촉진하는 외국 은행의 미국 금융 시스템 접근을 차단하였다.

1995년 3월 15일 클린턴 대통령은 행정명령 12957호를 발효하여 이란에 대하여 '국가 비상'을 선포하고, 이란 에너지 산업에 대한 미국의 투자를 금지하였다. 같은 해 5월 6일 행정명령 12959호를 발효하여 이란과의 무역, 이란에 대한 투자를 전면 금지하였다. 1997년 8월 19일 행정명령 13059호는 제3국이 이란에 물품을 수출하는 것을 미국 기업이 알면서 제3국의 수출에 협력하는 행위를 금지하였다(2차 제재). 1995년 3월 '국가비상' 선포 이후부터 지금까지 미국은 매년 3월에 이란에 대하여 '국가비상'을 선포하고 있다. 이후 2010년 '포괄적 이란제재법'(Comprehensive Iran Sanctions, Accountability, and Divestment Act of 2010, 이하 'CISADA') 제103조는 2000년 4월 규정에서 완화된 수입에 대한 금지를 다시 부과하고 무역 금지를 입법화하였다.

한편, 1996년에 제정된 '이란제재법'(The Iran Sanctions Act, 이하 'ISA')[110]은 이란의 에너지 산업에 대하여 이란의 석유와 가스 산업을 발전시키는 투자 금지(연간 2000만 달러 이상), 이란에 대한 가솔린 판매 금지[111], 이란산 원유(Crude Oil) 운송 금지[112] 등의 규제를 하였다. 또한 이란제재법은 1995년 11월 이란이 자국의 에너지 부문에 대한 해외 투자를 개방하면서 경제가 성장하자, 이란의 핵 개발 및 테러 활동의 제재 수단으로 에너지 산업에 대한 제재를 부과한 것인데, 이는 2010년 제정된 포괄적 이란제재법의 전신 격이라고 할 수 있고, 미 재무부의 이란 거래 규정, 미 상무부의 수출 관리 규정 등 기존의 미국 법령을 통한 미국인 및 미국 기업에 대한 1차 제재에서 외국인 및 외국 기업에 적용되는 2차 제재의 형태이다.

마지막으로 1992년 제정된 '이란-이라크 무기 비확산법'(IRAN-IRAQ Arms Nonproliferation Act of 1992, IIANA)은 이란의 최신 재래식 무기의 확산을 지원하는 행위, 규제 리스트에 있는 모든 상품 및 기술의 대이란 수출 행위를 제재 대상으로 하고 있다. 제재 대상이 외국인이라면 2년간 미국 정부의 조달 및 수출 허가가 금지되고, 외국 국가라면 1년간 미국의 원조 또는 다자 개발은행 원조에 대한 미국 정부의 지원이 제공되지 않는 것을 그 내용으로 한다.[113]

또한 이란은 지속적으로 핵무기 개발을 시도해 왔고, 2011년 11월 8일 IAEA가 이란이 군사적 목적으로 핵 개발을 시도하고 있다는 보고서를 발표하면서, 이란의 핵 개발이 국제사회의 문제가 되었다. 이에 2012년 이란제재법에 따라 대량살상무기의 판매 및 관련 기술 판매 금지, 선진화된 재래식 무기 판매 금지, 우라늄 광산 투자를 금지하고 있다.[114]

(2) 2차 제재

이란 제재 법령들은 미국의 관할권이 미치는 대상에 대하여 적용되므로, 미국인 및 미국 내에서 적용된다. 일반적으로 미국 기업의 자회사지만 모기업의 통제하에 있지 않은 해외 자회사의 경우 미국

법의 관할권이 미치지 않으므로 이란 제재 법령이 적용되지 않는다. 그런데 이란 위협 감축 및 시리아 인권법[115] 제218조는 "i) 미국 기업의 해외 자회사 중 미국 자회사가 50% 이상 소유하고 있거나, ii) 해외 자회사의 이사회의 이사 중 다수가 미국 모회사이거나, iii) 미국 모회사가 해외 자회사의 운영을 지시하는 경우 제재 법령의 적용을 받는다"라고 규정하여, 미국 모회사가 해외 자회사의 위반 행위에 대한 책임을 부담하는 2차 제재 규정을 두었다. 이러한 규정에는 면제 규정이 없으므로 미국 기업이 투자한 해외 기업이 위의 조건을 갖출 경우 미국법의 적용을 받게 된다.

다. 제재 완화 배경과 과정

2013년 8월, 이란의 중도개혁 성향인 하산 로하니 정부가 수립된 후 이란은 미국과의 갈등보다는 이란의 경제 발전을 위한 대외정책에 주력하였다. 미국 오바마 대통령 또한 '핵 없는 세상'이라는 정책적 목표하에 국제사회의 협력을 통한 이란 핵 문제 해결을 모색하였다.

2013년 9월경, 36년 만에 미국 오바마 대통령과 대화가 성사되었고, 이란 핵 협상을 위한 화해 무드가 조성되었다. 이후 이란은 P5+1(유엔 안보리 상임이사국+독일)과 포괄적 공동행동계획(JCPOA)[116]에 대한 협상을 진행하였고, 마침내 2013년 11월에 공동행동계획(JPOA)[117]에 합의하였다. JPOA는 포괄적인 협상 전의 잠정적 합의로서, P5+1은 이란이 합의사항을 준수할 경우 일부 제재를 해제하고, 6개월간 핵 관련 제재 부과를 중단하기로 하였다. 이후 2015년

7월 이란과 P5+1은 포괄적 공동행동계획(JCPOA)에 합의하면서 대 이란 경제 제재 해제를 위한 행동 계획을 마련하였다. 그리고 같은 해 12월 국제원자력기구(IAEA)가 이란에 대한 핵 사찰을 완료함으로써 이란이 JCPOA에서 약속한 조치들을 모두 이행하였음을 확인하였다. 유엔 안전보장이사회는 2015년 10월 18일을 JCPOA 타결일로 보고 이란에 대한 경제 제재 취소 내역을 결정하였다. 이후 유엔 안전보장이사회는 국제원자력기구의 확인에 따라 2016년 1월 16일을 JCPOA 이행일로 정하여 공식적으로 이란에 대한 경제 제재 해제 및 완화 절차에 돌입하였다.

다만 유엔 안전보장이사회는 이란에 대한 경제 제재 완화 및 해제를 실시한 이후 이란이 JCPOA를 위반할 잠재적 위험을 대비하기 위해 스냅백(Snap Back) 조항을 삽입하였다. 이란에 대한 스냅백(Snap Back) 조항은 "2015년 10월 18일 JCPOA 공식 발효 이후 10년간 이란이 JCPOA를 이행하지 않거나 이에 반하는 행위를 할 경우 JCPOA로 해제했던 대이란 제재를 모두 복원하는 것"을 내용으로 한다.

한편, JCPOA에 참여하여 이란에 대하여 미국이 추가 제재를 부과하지 않았던 기간 동안에도 테러지원국 지정은 해제되지 않았고, 제재 리스트에서 삭제되지 않았으며, 무역 금지 완화 및 해제에 있어서도 무기 및 무기 관련 기술 이전에 대한 제재는 완화되지 않았다.

라. 포괄적 공동행동계획(JCPOA) 탈퇴 및 경제 제재 복원

2018년 5월 8일, 미국 트럼프 대통령은 대통령 안보지시서(National

Securtiy Presidential Memorandum)를 발표하여 미국의 JCPOA 탈퇴 및 이란에 대한 추가 제재를 선언하였다. 트럼프 대통령은 2018년 8월 6일 행정명령 13846호를 통해 JCPOA 참가를 통해 완화하거나 중단하였던 제재를 다시 부과하기 시작하였다. 미국 트럼프 행정부가 JCPOA를 일방적으로 탈퇴한 배경에 대하여, 트럼프가 'JCPOA가 이란의 영구적인 핵 포기를 담보하지 않고, 이란의 탄도미사일 관련 내용이 핵 협정에 포함되지 않은 점'이 문제라고 보았기 때문이라고 분석된다.

이러한 분석에서 중요하게 지적되는 점은, 이란의 JCPOA 불이행으로 미국이 JCPOA에서 탈퇴한 것이 아니라 오히려 이란이 JCPOA를 성실히 이행하고 있었고 IAEA의 검증에도 기꺼이 임하고 있었음에도 트럼프 정부가 탈퇴했다는 점이다.[118] 미국의 JCPOA 탈퇴에 관해서는, 미국 행정부가 오바마 정부에서 트럼프 정부로 바뀐 후 새 정부가 JCPOA를 불완전한 합의로 보아 이뤄진 미국의 일방적인 결정이라는 분석이 지배적이다.

한편, 2023년 9월, 이란에 수감되어 사실상 인질로 간주됐던 미국인 5명과 미국의 제재 위반 혐의로 미국 교도소에 수감된 이란인 5명의 맞교환이 성사되었다. 본 협상을 통하여 대한민국의 은행에 동결되었던 이란 원유 수출대금 70억 달러를 해제하는 방안이 통과되었다.[119] 2018년 미국이 이란 핵 합의를 탈퇴하고 대이란 제재를 복원한 데 따른 여파로 이듬해 동결되면서 이란의 인출이 불가능해졌는데, 이번 조치 덕분에 인출이 가능해졌다. 이는 해외 동결된 이란의 자산 가운데 가장 큰 규모로 알려져 있으며, 미국과의 협상으로 경제 제재가 완화된 사례이다.[120]

5. 쿠바의 경제 제재 해제 사례

가. 경제 제재 배경 및 주요 제재 내용

1959년 공산주의 혁명으로 쿠바에 카스트로 정권이 들어선 후 미국과 쿠바의 관계는 급속도로 냉각되었고, 1962년 미국 케네디 대통령이 쿠바에 대한 무역 금지(embargo)를 선언하면서 미국의 쿠바 제재가 시작되었다. 쿠바에 대한 제재는 미국의 대외정책상 반공주의, 소련과의 대립이라는 냉전 시대가 그 배경이었다고 할 수 있다.

쿠바에 대한 미국의 초기 경제 제재는 대외원조법 및 적성국교역법 제5조[121]와 제16조에 근거하여 이뤄졌으며, 미국 재무부는 1963년 쿠바자산통제규정(Cuban Assets Control Regulations, CACR)[122]을 제정하여 쿠바와의 거래에 제재를 가해왔다.

〈표9〉 쿠바 제재 및 관련 법규

행정명령	E.O. 12854: 쿠바민주주의법 시행(발효일: 1993년 7월 4일)
재무부 규정	쿠바자산통제규정(Cuban Assets Control Regulations, CACR)
의회 법률	2000년 무역 제재 개혁 및 수출 강화법(TSRA) 1996년 대테러 및 효과적인 사형구형법(AEDPA) 쿠바자유민주연대법 쿠바민주주의법 적성국교역법 제5조 및 제16조

1992년 미국 의회는 쿠바민주주의법(Cuban Democracy Act(CDA) of 1992)[123]을 제정하여 미국 기업의 해외지사에 의한 쿠바와의 무역을

금지하였다. 1996년 쿠바자유민주연대법(Cuban Liberty and Democratic Solidarity (Libertad) Act of 1996]¹²⁴⁾을 제정하여 쿠바에서 민주적 선거에 의해 정권이 교체되는 것을 목적으로 이러한 목적이 달성되어야 미국이 쿠바에 대한 제재를 해제할 수 있다는 조건을 법률로써 명시하였다. 또한 쿠바와 무역을 하는 자의 미국 입국을 금지하고, 쿠바 정부가 몰수한 미국 자산을 거래하는 모든 제3국의 개인 또는 정부에 대하여 미국 연방법원에 소송을 제기할 수 있도록 하였다.

또한 국제금융기구가 쿠바에 차관 또는 원조를 지원할 경우 미국 재무부가 해당 지원금만큼 국제금융기구에 대한 분담금 납부를 중단해야 함을 명시하여 쿠바에 대한 제재를 강화하였다. 이 법은 쿠바 제재의 해제 조건을 명문화하여, 이후 행정부는 제재를 강화 또는 완화할 수는 있으나 이 조건들이 충족되지 않으면 미국 의회의 동의 없이 제재를 완전히 해제하는 것이 불가능해졌다. [125]

〈표10〉 쿠바민주주의법 제204조에 따른 제재 해제 조건 및 조치

해제 조건	대통령의 조치	관련 제재
쿠바 내 과도 정부 수립	쿠바에 과도 정부가 집권하고 있다는 내용의 결정문을 대통령이 의회에 제출하고 의회와 협의하여 특정 제재를 중단할(suspend) 수 있음	(1) 1961년 해외원조법 제620 (a)조[22 U.S.C. 2370 (a)] (2) 쿠바공화국에 관한 1961년 외국원조법[22 U.S.C. 2370 (f)]의 제620 (f)조 (3) 1992년 쿠바민주화법 제1704, 1705 (d) 및 1706조(22 U.S.C. 6003, 6004 (d) 및 6005) (4) 1985년 식량안보법 제902 (c)조 (5) 쿠바자산통제규정(CACR)

해제 조건	대통령의 조치	관련 제재
쿠바 내 민주적 선거에 의한 정부 집권	대통령은 쿠바 제재를 해제(termination)해야 함	경제적 금수조치(economic embargo) 해제(CACR 포함) 법률 폐지 (1) 1961년 대외원조법 제620조 (a)항 126 (2) 1992년 쿠바민주화법 제1704조, 제1705 (d)조, 제1706조 127 (3) 1985년 식량안보법 제902조 (c)항

나. 제재 완화 배경과 과정

2014년 12월 17일, 미국 오바마 대통령은 쿠바와의 관계 개선 등을 위한 정책 전환을 공표하였다. 이에 2015년 1월 15일 미국 재무부의 OFAC과 상무부의 BIS는 쿠바자산통제규정(Cuban Assets Control Regulations, CACR)[128]과 수출통제규정(EAR)[129]을 개정하였다. 이러한 개정으로 쿠바 여행이 가능해지고, 미국 금융기관이 쿠바 금융기관에 대리 계좌(correspondent account)를 개설하는 것 및 통신, 금융 서비스, 무역, 해상 운송 등이 가능해졌다.[130] 2015년 5월 29일 미국은 쿠바를 테러지원국 명단에서 제외하여 1982년부터 계속되어 온 테러지원국 지정이 종료되었고, 같은 해 7월 20일 기존의 이익대표부를 대사관으로 격상시키는 조치를 하였다.

2015년 7월 20일 미국은 쿠바와의 외교 관계가 정상화되었음을 발표하였다.[131] 이후 2015년 9월 18일 미국 재무부와 상무부는 CACR과 EAR의 추가 개정을 발표하였고, 목적이 있는 쿠바 여행을 촉진하는 조치를 취하였으며, 통신과 인터넷 서비스에 대한 일반 허가(general licenses)를 확대하였다. 또한 쿠바에 합작회사나 지사를 세우는 등의 비즈니스를 허용하고, 쿠바에 허용된 목적의 경우에는 은행계좌 개설도 가능해졌다. 또한 쿠바에 있지 않은 쿠바 국적민에 대하여 미국 관할권의 적용을 받는 자의 상품과 서비스의 제공도 허용되었다.[132] 이후 2016년까지 이러한 규정의 개정은 계속되어 쿠바에 대한 제재는 상당히 완화되었다.[133]

이러한 제재 완화의 배경과 관련하여, 미국 내 쿠바계 이민사회에서 카스트로에 대한 적대감이 약한 젊은 층의 비중이 높아지면서 쿠바와의 관계 개선에 대한 미국 국내의 정책적 부담이 줄어든 측면이 있고, 쿠바에서는 라울 카스트로가 2011년 제1서기직 취임 후 '경제 사회 개혁안'을 추진하며 개혁개방을 모색하면서 국내외적으로 관계 개선 분위기가 조성되었다는 분석이 있다.[134]

다. 미국 트럼프 정부의 제재 재강화

그런데 2017년 트럼프 대통령이 집권하면서, 쿠바의 인권 상황과 쿠바가 베네수엘라 대선에서 부정선거의 의혹이 있는 니콜라스 마두로를 지지하자 쿠바에 대한 제재를 다시 부과하기 시작하였고, 관계 정상화 조치들도 일부 원복되었다. 미국 트럼프 대통령은 2017년 10월 20일 "Strengthening the Policy of the United States Toward Cuba"라는 제목으로 대통령 안보 지시서(National Security Presidential Memorandum, NSPM)를 발표하였다.[135] 이에 따라 OFAC과 미국 상무부는 2017년 11월 9일 CACR과 EAR을 개정하여 아래 표와 같은 제재를 부과하였고, 2019년 4월 17일 국가안보보좌관인 존 볼튼의 성명을 통해 쿠바에 대한 제재를 강화하여 가족 방문 외의 개인의 민간 여행을 금지하였다. 이러한 조치는 2017년 6월 16일에 발표한 대통령의 NSPM 정책을 유지하는 것이었는데, 그 배경은 쿠바가 베네수엘라와 같은 공산주의 국가들의 반미주의 지지로 지역의 불안감을 조성한다는 이유였다.

〈표11〉 미국 트럼프 정부의 제재 재강화 조치

	쿠바자산통제규정(CACR) 개정	수출통제규정(EAR) 개정
2017년 11월 9일	금융 거래 제한 - 쿠바 제한 리스트(Cuba Restricted list)에 쿠바 군부, 국가정보기관 및 관련 인물 등을 올려 그들과의 금융 거래 제한 - 미국 관할권의 적용을 받는 자는 쿠바 제한 리스트에 있는 자와의 금융 거래가 제한됨(NSPM에 제외된다고 명시된 경우는 예외) 민간의 개인적 여행 제한 - NSPM에 따라 모든 민간인의 비학술부문의 교육적 여행은 미국 관할권 내의 기관의 원조/후원이 있어야만 가능 - 여행객은 미국 관할권의 적용을 받는 자로서 후원 단체의 대표와 함께 여행해야 함(개별 여행 제한)	무역 및 상업 제한 쿠바 제한 리스트(Cuba Restricted list)에 있는 기관과 부속기관에 대한 수출 허가 거절 정책 사기업들에 대해서는 허가를 확장함

6. 미얀마의 경제 제재 해제 사례

가. 경제 제재 배경 및 주요 제재 내용

미국의 미얀마(버마)에 대한 제재는 2차 세계대전 이후 미얀마 및 미얀마의 군대인 탓마도(Tatmadaw)와 미국의 관계 악화에서 비롯한다.

2차 세계대전 동안 미국은 미얀마를 중국 및 동남아시아 내 일본 군대에 대응하기 위한 기지로 활용하였다. 이후 영국의 식민지였던 미얀마는 2차 세계대전 이후 독립하여 미국의 지원을 받아 시민 정부를 수립하고, 1948년 유엔 회원국으로 가입하였다. 또한 미얀마는 GATT의 초기 멤버였고, 1952년도에는 IMF에 가입하였으며, 미국과 외교 관계도 수립하였다.

그런데 1988년 8월 8일 미얀마 군부에 대한 민주화 운동이 일어났고, 이를 미얀마 군부가 무력으로 진압하면서 미얀마와 미국의 관계는 급속히 악화되었다. 1988년 미국 레이건 정부 하에서 미국 하원의회는 '미얀마 사태'를 규탄하여 미국 행정부에 '버마 지원 프로그램'을 검토할 것을 요청하였고, 이에 레이건 정부는 미얀마에 대한 원조를 중단하기에 이른다. 1989년 4월 13일 미국 부시 대통령은 대통령 결정문 5955호를 발표하여 미얀마에 대한 우대 조치를 중단하였다.

1990년 5월 27일 미얀마에서 선거를 통해 아웅 산 수 치가 이끄는 정당(National League for Demorcracy, 이하 'NLD')이 미얀마 의회의 다수를 차지하자, 미얀마 군부는 민주주의 선거 결과를 부정하고 아웅 산 수 치를 포함하여 반대파들을 체포했다. 이러한 쿠데타 이후 미얀마 군부는 언론 탄압, 인권 탄압 중지 등 민주주의를 요구하는 시민들을 탄압하고, 소수민족에 대한 차별과 탄압, 마약 재배 및 유통 방치, 독재군부의 부패 등을 저질렀으며, 이는 미얀마에 대한 미국의 경제 제재 배경이 되었다.

이런 배경하에서 미국 의회는 1989년부터 2008년까지 미얀마 군부에 대하여 정치적·경제적 제재를 부과하는 일련의 법률을 제정해 왔다. 1990년 관세무역법 제138조(the Custom and Trade Act of 1990)는 미국 대통령이 인권과 마약 퇴치를 위해 미얀마에 경제적 제재를 부과하도록 요구하였고, 2003년 개정된 대외원조법 제307조(the Foreign Assistance Act of 1961)는 기존의 대외관계수권법을 개정하여 미얀마에 대한 대외 원조를 중단하였다.[136]

1997년 수출금융관련법(the Foreign Operations, Export Financing and Related Programs Appropriations Act) 제570조는 미얀마의 인권과 민주주의가 개선되지 않으면 다양한 제재들을 부과하도록 하고 있고, 2003년 버마 자유 및 민주화법(Burma Freedom and Democracy Act of 2003)은 미얀마 상품의 수입 금지, 특징 미얀마 공무원의 자산 동결, 미얀마에 대한 국제금융기구의 대출에 미국의 지원 금지 및 미얀마인에 대한 미국 비자 발급 금지를 내용으로 하고 있다.

2008년 제정된 제이드법[Tom Lantos Block Burmese Jade(Junta's Anti-Democratic Efforts)]은 미얀마산 제이다이트(경옥) 및 루비를 포함한 물품의 직간접적인 수입 금지, 미얀마 금융 제재 대상 리스트 추가를 그 내용으로 하고 있으며, 공법(Public Law) 112-192[137])는 대통령에게 미얀마에 대한 국제금융기구의 지원에 반대하는 것에 대해 의회에 보고하고 반대표가 아닌 찬성표를 던질 수 있도록 권한을 부여하였다.[138] 미국의 미얀마에 대한 경제 제재 근거 법령은 아래 표와 같다.

〈표12〉 미얀마에 대한 미국의 경제 제재 근거 법령

연도	내용	관련 법규
1997년 5월 22일	미얀마에 대한 신규 투자 금지	행정명령 13047(Prohibiting New Investment in Burma)
2003년 7월 30일	미얀마 상품의 미국 수입 금지, 자산 동결, 금융 서비스 금지	버마자유민주화법(Burma Freedom and Democracy Act of 2003), 행정명령 13310(버마 정부의 자산 동결 및 특정 거래 금지, Blocking Property of the Government of Burma and Prohibiting Certain Transactions)
2007년 10월 18일	자산 동결 대상 추가	행정명령 13448호(버마 관련 특정 거래 금지 및 자산 동결, Blocking Property and Prohibiting Certain Transactions Related to Burma)
2008년 5월 2일	자산 동결 대상 추가	행정명령 13464호(버마 관련 특정 거래 금지 및 자산 동결, Blocking Property and Prohibiting Certain Transactions Related to Burma)
	비자 발급 금지 대상자 확대, 미얀마産 루비, 옥 관련 상품 수입 금지	제이드법[Tom Lantos Block Burmese Jade (Junta's Anti-Democratic Efforts) Act of 2008]
2012년 7월 13일	미국 입국 금지 대상 지정	행정명령 13619호(버마의 평화, 안보, 안전성을 위협하는 자들의 자산 동결, Blocking Property of Persons Threatening the Peace, Security, or Stability of Burma)

나. 제재 완화 배경과 과정

2008년 5월 13일 1만여 명의 사망·실종 피해를 입힌 사이클론 나르기스(Nargis)의 여파 속에서도 압도적인 국민투표(투표율 98.12%, 찬성률 93.82%)로 미얀마 신헌법이 채택되었고, 미국 오바마 정부는 미얀마 제재에 새로운 정책을 펴기 시작하였다. 2015년 11월 평화적으로 실시된 총선에서 아웅 산 수 치가 이끄는 NLD가 압승하였고, 총선 결과에 따라 2016년 2월 새로운 의회가 개원되고 2016년 3월 NLD 정부가 출범하면서, 국가 화해 및 평화 프로세스, 민생 개선과 경제 개혁, 개헌을 통한 법치 구현을 최우선 국정과제로 추진하기 시작했다.[139] 이에 따라 미국의 미얀마 경제 제재가 해제되기 시작했는데, 그 주요 내용은 아래 표와 같다.

〈표13〉 미국의 미얀마 경제 제재 해제[140]

연도	내용	관련법령
2012	미얀마에 대한 금융 서비스 허용	일반허가 16호
	미얀마에 대한 신규 투자 허용	일반허가 17호
	미얀마 상품 수입 허용	일반허가 18호
2013	4개 은행(AGD, AYABank, MEB, MICB) 금융 거래 허용	일반허가 19호
	미얀마산 상품 수입 금지 해제 루비, 옥 관련 상품 수입 금지 지속	행정명령 13651
2015	상품, 기술, 비금융 서비스 관련 미얀마 수출에 수반되는 거래, 미얀마 내 상품 이동을 위한 거래 허용	일반허가 20호

연도	내용	관련법령
2016	행정명령 13047, 13310, 13448, 13464, 13619, 13651 해제, 관련 SDN List 해제	행정명령 13472 'Termination of Emergency with Respect to the Actions and Policies of the Government of Burma'

2016년 9월 아웅 산 수 치가 미국을 방문할 때 오바마 대통령은 미얀마에 대한 기존의 제재 중 일부를 폐지할 의향을 내비쳤고, 2016년 비로소 미얀마에 대한 미국의 제재가 대부분 해제되었다.[141] 즉, 2016년 9월 오바마 대통령은 미얀마에 대한 '국가비상'을 종료함으로써 1997년부터 20여 년 동안 지속된 미얀마에 대한 국가비상 선포 및 관련 제재가 종료되었다. 현재 남아 있는 미얀마에 대한 제재는 특정 미얀마인에 대한 비자 발급, 2020년 추가 통합세출법(Further Consolidated Appropriations Act of 2020)에 명시된 미얀마에 대한 원조 제한, 미얀마 군대와 관련된 다양한 제한들, 아동보호법[Child Status Protection Act(CSPA)], 국제적종교자유법(International Religious Freedom Act of 1998), 고문피해자보호법(Torture Victim Protection Act of 1991) 위반에 대한 제한들이며, 미국 트럼프 정부는 9명의 미얀마 군인과 2개의 군단에 대하여 글로벌 마그니츠키법(Global Magnisky Act)[142]에 의하여 제재를 부과하고 있다.

7. 수단의 경제 제재 해제 사례

가. 경제 제재 배경 및 주요 제재 내용

1995년 6월 25일 아프리카단결기구(OAU: Organization of African Unity) 정상회담에 참석하기 위해 무바라크 이집트 대통령이 에티오피아 수도 아디스아바바에 도착하였을 때 한 괴한이 암살을 시도하였다.[143] 에티오피아는 이 사건이 발생한 후, 수단의 수도 하르툼을 무대로 무바라크 대통령에 대한 암살을 모의해 온 이슬람교 과격파 3명을 유력한 암살 미수범으로 보고 이들을 인도해 줄 것을 요구했으나 수단은 이를 거부하였고,[144] 1996년 1월 31일 유엔 안전보장이사회는 유엔 안보리 결의안 1044호를 통해 1995년 6월 26일 이집트의 대통령 암살 시도를 규탄하고 에티오피아의 요구에 수단 정부가 즉시 따를 것을 요청하며, 수단의 국제 테러 행위에 대한 국제사회의 제재가 시작되었다.

미국의 독자적인 제재는 1988년 수단의 대외 채무 불이행에 따라 수단에 대한 대외 원조를 제한하는 것으로 시작되었다. 1989년 수단 군대가 민주적으로 선출된 정부를 타도하는 일이 발생하였고, 1993년 수단을 국제 테러 행위 지원 국가로 지정하면서 미국의 원조를 모두 중단하였다. 이에 따라 수단에 상품 또는 기술을 수출하기 위해서는 미국 상무부의 허가를 받아야 했고, 이중 용도 상품(dual-use goods)로 판단되면 수출 허가 신청이 거절되었다.[145] 1993년에는 테러지원국 지정으로 인하여 수단에 대한 미국의 대외 원조, 밀레니

엄 챌린지 펀딩(Millenium Challenge Account Funding), 농업 지원, 평화봉사단(Peace Corps) 프로그램, 수출입은행 지원, 국제금융기구 지원이 거절되었고, IMF로부터의 차관이나 신용 반대, 일반특혜관세(GSP) 폐지[146]가 시행되었다.[147]

1997년 11월 3일 미국 대통령은 NEA와 IEEPA에 의해 부여된 권한으로 수단 정부의 테러 지원 행위, 인권 침해, 종교 자유 억압, 노예제 등을 이유로 수단 정부에 행정명령 13067호를 통해 '국가비상'을 선포하고 "수단 정부의 재산 동결 및 수단과의 거래를 금지"하였다. 행정명령 13067호는 수단 정부의 미국 내 자산을 동결하고, 미국으로 유입되는 수단의 자산 및 미국인이 소유하고 있는 수단 정부의 자산을 모두 동결하는 내용이었다. 또한 수단산 상품 또는 서비스의 미국 수입을 모두 금지하고, 수단에 대한 미국의 상품, 기술, 서비스의 직간접적인 수출, 재수출 및 미국인에 의한 직간접적인 (재)수출을 금지하였다. 미국인이 수단에 상품, 기술, 서비스의 수출을 촉진(facilitation)하는 행위 또한 금지하였다. 그리고 미국인이 수단과 거래하는 것을 금지하면서 금지 거래에 금융, 산업, 상업, 공공재, 수단의 정부프로젝트 관련 거래를 포함시켰다. 미국인이 수단 정부에 신용이나 대출을 제공하거나 연장해 주는 것 또한 금지하였고, 미국인이 수단으로부터 또는 수단으로 화물 운반 거래에 관여하는 것을 금지하였다. 종국적으로 미국인에 의한, 또는 미국 내에서 행정명령 13067호에 의한 금지사항을 위반하거나 위반하려는 시도, 회피하려는 목적이나 회피하는 어떤 거래도 금지하였다.

1998년 7월 1일 OFAC은 수단제재규정(Sudanese Sanctions

Regulations, 31 CFR part 538)을 제정하여 시행하였다.[148] 미국 클린턴 대통령은 1999년 4월 이란, 리비아, 수단에 대한 기존의 제재 규정을 새롭게 공포하면서 식량 및 의약품의 수출은 제재에서 제외한다고 발표하였다. 미국 의회는 이를 위하여 2000년 무역 제재 개혁 및 수출진흥법(Trade Sanction Reform and Export Enhancement Act of 2000)을 제정하여 수단처럼 테러지원국으로 지정된 국가에 대한 미국의 농산품, 의약품, 의료기기 수출은 상무부의 수출 허가를 받아야 할 수 있게 되었다.[149]

수단에 대한 국제사회의 본격적인 경제 제재는 2003년 수단 서부에서 발생한 '다르푸르 사태'를 규탄하기 위해 시작되었다. 북부 사막지대와 남부 초원지대로 이루어진 수단의 서부 다르푸르 지역은 유목 생활을 해온 북부 아랍계와 농경 생활을 해온 남부 아프리카계로 구분되었는데, 1990년대에 들어 가뭄의 영향으로 사막이 확대되면서 북부 아랍계 유목민들이 남부 아프리카계의 농경지를 침범하는 일이 잦아졌고 이로 인해 아랍계-아프리카계 간 갈등이 발생하기 시작했다. 2003년 2월 다르푸르 지역에서 수단 정부의 서부 지역 소외 정책에 반발하여 봉기한 다르푸르 반군(Alliance of Revolutionary Forces of West Sudan)과 친정부 잔자위드(Janjaweed) 민병대 간 전투가 일어났다. 그동안 수단 정부의 다르푸르 지역 아랍화 정책, 다르푸르 지역에 대한 무관심, 수단 정부와 남부 반군 간 평화 회담에서 다르푸르 지역 문제도 포함시켜 달라는 요구 묵살 등이 원인이었다.[150]

2004년 7월 30일, 유엔 안전보장이사회는 결의안 1556호를 통해 수단 다르푸르 지역에서의 "교전 양 당사자의 폭력 행위 및 인권에 대한 폭력 및 국제 인권법 위반 행위"를 규탄하고, 특히 수단 정부는 이러한 사태에 책임을 져야 한다고 하면서 유엔 회원국에 의해 수단의 비정부단체들에 대한 무기 및 관련 물자 공급 또는 판매를 금지하였다.

2004년 9월 18일 유엔 안전보장이사회는 유엔 안보리 결의안 1564호를 통과시키고, 수단의 석유산업에 대한 제한, 특정 개인에 대한 여행 및 자산 동결을 시행하였다. 이어 2005년 3월 29일 유엔 안전보장이사회에서 결의한 1591호를 통해 유엔의 모든 회원국은 다르푸르 국제조사위원회가 지정한 자들에 대한 자산, 금융 자산 및 경제적 자원을 모두 동결할 것을 촉구하였다. 2005년 3월 31일 유엔 안전보장이사회 결의안 1593호를 채택하여 다르푸르 사태에 관하여 국제형사재판소에 기소하였다.

이러한 국제사회의 수단 제재에 미국도 동참하며, 2006년 4월 26일, 행정명령 13400호를 제정하였는데, 수단의 다르푸르 지역 사태가 미국의 안보에 위험이 된다고 보고 행정명령 13067호 상의 국가비상 범위를 확대하고, 다르푸르 사태와 관련 있는 자들의 재산을 동결하는 것을 내용으로 한다. 2009년 5월 28일, OFAC은 다르푸르 제재규정(the Darfur Sanctions Regulations, 31 CFR part 546)을 제정하였는데, 이는 행정명령 13400호를 실행하기 위한 규정이었다.[151]

나. 제재 완화 배경과 과정

2017년 1월 13일 미국 오바마 대통령은 행정명령 13761호 "수단 정부의 긍정적 행동 인식 및 특정 수단 관련 제재 철회 제공" (Recognizing Positive Actions by the Government of Sudan and Providing for the Revocation of Certain Sudan-Related Sanctions)을 공포하였다. 이때 오바마 대통령은 "수단 정부에 행정명령 13067, 13412호를 통해 제재하던 상황이었는데 최근 6개월간 수단 정부의 긍정적인 조치들을 통해 변화했다"라고 하면서 행정명령 13067호의 제1조 및 제2조를 폐지하고, 행정명령 13412호는 모두 폐지한다고 하였다. 2017년 7월 11일 트럼프 대통령은 행정명령 13804호 "수단 정부의 긍정적 행동에 대하여 행정명령 13671호를 개정하기 위한 추가 시간 허용"(Allowing Additional Time for Recognizing Positive Actions by the Government of Sudan and Amending Executive Order 13671)을 공포하여 기존의 행정명령 13761호를 개정하였다. 그리고 2017년 10월 11일 행정명령 13761호의 '수단의 제재 완화 조건'이 충족되어 수단에 대한 제재가 완화되었다.

이에 따라 그동안 미국 수단제재규정(SSR)에 의해 미국인에게 금지되었던 수단과의 거래 금지가 풀렸고, 수단제재규정(SSR)은 더 이상 존재하지 않는 규정이 되었다. 그러나 행정명령 13067호에 의한 수단에 대한 '국가비상' 선포는 종료되지 않았다. 여전히 다르푸르제재규정(DSR)은 그 효력이 유지되고 있으며, 그에 따라 다르푸르 사태와 관련되어 제재 대상자가 된 자들의 자산 동결은 유지되고 있다.

2000년에 제정된 무역 제재 개혁 및 수출진흥법(Trade Sanctions Reform and Export Enhancement Act of 2000, 이하 'TSRA')의 906조에 따르면, 수단에 농산품, 생필품, 약품 및 의료기기 수출 및 재수출을 위해서는 여전히 OFAC의 허가(license)가 필요하다. 이는 수단이 여전히 테러리스트 국가 리스트(STL)에 있기 때문이다. 다만, 2017년 10월 12일 OFAC이 위 품목들의 수단 수출에 대하여 일반허가 A(General license A)를 주어 수출이 가능해졌다.

한편, 미국인과 비미국인은 여전히 CCL(Commerce Control List)에 있는 품목의 수출 또는 재수출을 위해서는 미국 상무부의 수출 허가를 받아야 한다. 제한된 조건에서 미국인과 비미국인이 미국 상무부로부터 미국수출관리규정(EAR) 99품목을 수출 또는 재수출하기 위해서도 수출 허가를 받아야 한다.[152]

Ⅳ. 미국의 독자적 대북 제재 해제 프로세스 전망

지금까지 살펴본 미국의 독자적 제재의 완화·해제 사례는 그 분류 기준에 따라 몇 가지 유형화가 가능하다.

우선 첫째, 제재의 배경을 기준으로 나누어 볼 수 있다. 즉, 미국의 독자적 제재의 배경이 되는 대외정책 목표에 따라 분류가 가능하다. 베트남, 쿠바, 미얀마처럼 미·소 냉전 시대에 사회주의 국가로서 제재를 받은 국가와 리비아, 수단, 이란처럼 중동 또는 아프리카 지역의 평화와 안정이라는 미국의 정책에 반대하여 테러 행위 자행, 핵·미사일과 같은 대량살상무기를 구매, 유통 내지 생산하는 국가로 크게 나눌 수 있다. 그리고 이들 제재 대상 국가가 미국의 정책에 반하는 행위(테러 행위)를 하면, 미국법 상 국제 테러 행위 지원 국가로 지정되고, 이로 인해 테러지원국에 대한 경제 제재도 받게 된다. 나아가 이러한 국가(정권)가 장기간 집권하면서 독재국가(정권)가 되면 미국이 대외정책 중 하나인 민주주의 확산 및 인권 보호에도 반하게 되어 이에 대한 제재를 받게 된다.

북한의 경우에는 앞서 살펴본 사례의 제재 배경 전부에 해당된다. 1950년 한국전쟁 이후 사회주의 공산국가로서 미국의 경제 제재를 받아 왔고, 1980년대 대한항공기 폭탄 테러 사건으로 테러지원국으로 지정되었으며, 이후 핵 개발과 대량살상무기 개발을 이유로 국제사회의 제재는 물론 미국의 독자적 제재 대상이 되었다. 앞서 살펴본 리비아, 베트남, 쿠바, 미얀마, 수단, 이란이 각 제재를 받았던 배경과 원인에 모두 해당하는 것이다. 따라서 미국의 독자적 대북 제재의 해제 프로세스를 전망함에 있어 위 각각의 사례들은 모두 참고할 만하다.

둘째, 앞서 살펴본 사례 중 제재의 완화 내지 해제 조치 이후 원복된 리비아, 쿠바, 이란과 같은 사례를 실패 사례로 본다면 베트남, 미얀마처럼 제재 완화 및 이 과정에서 미국과의 관계 정상화를 이루고 현재까지 유지되고 있는 사례들은 성공 사례로 분류할 수 있다. 이 중에서 대표적인 성공 사례인 베트남과 실패 사례인 이란의 상황을 통해 북한에 대한 시사점은 무엇인지 살펴보면 다음과 같다.

베트남의 경우, 베트남 전쟁에서 승리한 이후 미국과 베트남의 경제 제재 해제 및 관계 정상화 협상에 들어갔다고 볼 수 있는데, 협상 초기(1975~1980)에는 전쟁포로 문제(POWs)와 베트남 전쟁 당시 실종된 미국인 문제(MIAs), 베트남 군의 캄보디아에서의 철수가 쟁점이었다. 그러나 협상 과정에서 베트남 전쟁 당시 미국에 협조한 죄목으로 베트남에 억류되어 있는 베트남인들의 미국 이민 또한 추가되면서 지난한 협상 과정을 겪었다. 결론적으로 미국이 제시한 조건을 베트남이 모두 수용함에 따라 미국에 대한 베트남의 제재가 완전히 해제되었고, 1995년에 이르러서야 공식적으로 양국 간의 관계가 정상화 되었는데, 상당히 장기간의 협상과 단계별 제재 완화를 거쳤음을 알 수 있다.

북한과의 차이점은, 베트남이 북베트남 시절 미국과의 전쟁에서 승리하여 1973년 1월 27일 파리평화협정을 체결하였는데, 이 협정에 규정된 미국의 전후 복구 원조 조항에 대한 이행을 요구할 수 있었다는 점(파리평화협정 제21조),[153] 1986년 '도이모이' 개혁 정책을 추진하면서 베트남 정부가 미국과의 관계 정상화에 적극적이었다는 점이다.

실패한 사례로서 이란은 북한과 비교할 지점이 많다. 이란도 포괄적 제재 대상 국가로서, 테러지원국으로 지정된 점, 핵 개발 및 WMD 프로그램에 대한 국제사회의 우려로 인해 유엔 및 미국의 제재를 모두 받아 온 점이 북한에 대한 제재의 해제에 있어 시사점이 크다. 특히 이란의 제재 완화 과정에서는 유엔 안전보장이사회 상임이사국 5개국과 독일이 참여한 P5+1의 다자적 협상의 틀이 작용하였다는 점에서, 미국과 북한 양국 간의 협상으로 제재 해제를 꾀하는 것이 적절한지 비교해 볼 만하다.

또한 이란에 대한 JCPOA는 미국의 일방적 탈퇴로 그 의미가 상당히 퇴색되었는데, 이러한 미국의 일방주의는 다자적인 협상에 의한 협약이나 계획에도 불구하고 자국의 이익을 최우선으로 삼는 미국의 대외정책 기조를 고려해 볼 때, 북한에 대한 제재의 해제 과정에서 다자적 협상을 통한 해제를 이행한다고 하더라도 언제든지 그 과정의 원복도 가능함을 예상하게 한다.

  셋째, 앞선 사례들을 제재의 완화 및 해제 과정을 기준으로 살펴보면, 쿠바나 미얀마처럼 제재 대상 국가의 내부적 변화 및 이에 대한 미국의 전향적 정책으로 인하여 비교적 단기간에 제재가 완화 내지 해제된 사례와 리비아, 베트남, 이란의 사례처럼 제재 완화 내지 해제의 과정이 장기화되는 사례로 분류할 수 있다.

  단기적으로 진행된 사례로서, 쿠바의 경우 1959년 카스트로 정권 집권 이후 1962년 미국의 케네디 대통령이 쿠바에 대한 금수조치(embargo)를 선언하면서 제재가 시작되었는데, 소비에트 연방이 붕괴된 후에도 2014년 미국 오바마 대통령 집권 이후 완화되기 전까지 상당 기간 동안 지속되었다. 쿠바는 대량살상무기나 국제 테러 행위를 자행하지 않았음에도 반미 성향의 카스트로 정권이 장기간 집권하였기에 제재가 계속되었다. 그러나 쿠바에 대한 제재 완화 과정은 포괄적 제재였음에도 불구하고 상당히 빠른 시간 내에 종료되었다. 2014년 12월 오바마 대통령이 쿠바와의 관계 개선을 위한 정책 전환을 공표한 후, 2015년 7월 20일 미국과 쿠바와의 외교 정상화를 공식적으로 발표하면서 쿠바에 대한 제재가 상당 부분 완화되었다. 그러나 2017년 트럼프 대통령이 집권하면서 쿠바의 인권 상황 등을 이유로 쿠바에 대한 제재를 다시 부과하고, 관계 정상화 조치도 일부 원복되었다.

쿠바 사례를 통해 알 수 있는 것은, 반미 성향 정권의 장기 집권으로 인한 미국의 독자적 제재는 대상 국가의 정책 전향과 미국 행정부의 대외정책 기조의 변화에 따라 완화 조치가 빠르게 이뤄질 수 있고, 또한 역으로 강화 조치도 다시 빠르게 이뤄질 수 있다는 점이다.

한편, '북한 제재 및 정책 강화법' 제401조의 제재 유예 조건, 동법 제402조의 해제 요건이 규정되어 있는 것처럼 쿠바에 대한 제재법인 '쿠바민주주의법' 제204조에도 쿠바에 대한 미국의 제재 중단 및 해제 조건을 규정하고 있다는 점도 비교할 요소이다. 쿠바에 대해 제재 완화 조치가 취해졌으나, 민주당인 오바마 행정부에서 공화당인 트럼프 행정부로 교체되면서 인권 문제를 이유로 들어 다시 제재를 부과하는 조치가 가능했던 것은 쿠바민주주의법에 따른 제재의 중단 및 해제 조건이 충족되지 않은 상황에서 대통령이 일부 완화 조치를 했기 때문이다. 북한 제재 및 정책 강화법은 쿠바민주주의법처럼 민주적 선거에 의해 정권이 교체되는 것을 그 목적과 제재 해제의 요건으로 하고 있지는 않으나, '정치범 수용소 수용자 전원 석방', '투명하고 열린 사회 수립' 등 민주주의 및 인권 보호를 위한 요건들을 두고 있어, 북한에 대한 제재가 해제되기 위해서는 북한 정권 및 정책의 상당한 변화가 필요해 보인다.

장기적으로 진행된 사례로는 리비아 사례를 참고할 수 있다. 미국이 1979년 이라크, 시리아, 남예멘과 함께 리비아를 국제 테러리즘 지원국으로 지정하면서 시작되었고, 이후 1986년 레이건 대통령이 IEEPA에 근거하여 '국가비상'(national emergency)을 선포하고 이와 관련한 행정명령들을 공포함으로써 리비아는 미국의 포괄적인 제재를 받게 되었다. 1980년대부터 1990년대까지 미국과 리비아 간에는 직접적인 군사적 공격 또는 테러 행위가 빈번히 이뤄졌는데, 이 중 1988년 12월의 팬암 103기 폭탄 테러와 1989년 9월의 UTA 772기 폭탄 테러는 유엔 결의안에 의한 제재를 받는 계기가 되었다.

리비아에 대한 미국의 독자적 제재 완화 및 해제 과정을 앞에서는 1단계와 2단계로 나누어 살펴보았는데, 1단계에서 팬암 103기 폭탄 테러 용의자 인도 문제가 협상의 쟁점이 되었다. 결국 1999년 4월 5일 팬암 103기 폭파 사건의 용의자인 리비아인 두 명을 헤이그(Hague)에 인도함으로써 유엔 안전보장이사회의 리비아 제재는 중단되었고, 2003년 9월 12일 완전히 해제된다. 그러나 미국의 독자적 리비아 제재는 리비아의 핵과 WMD 프로그램 해체를 쟁점으로 하는 2단계 협상을 거쳤다. 협상 과정에서 리비아는 비확산 관련 국제조약에 가입해야 했고, 국제조약 가입에 따라 검증을 위한 사찰을 받았다. 이후 약 5년여의 과정 끝에 미국 정부는 2004년 4월 23일 마침내 대리비아 제재 완화를 발표하였다.

리비아 사례가 북한에 시사하는 비는 다음과 같다. 북한도 리비아와 마찬가지로 국제 테러 행위에 대한 해결과 함께 오토 웜비어 사건처럼 미국인을 대상으로 한 범죄의 해결이 필요하며, 핵무기 및 대량살상무기 해체 작업 및 검증 과정이 필요하다는 점이다. 이 과정은 매우 지난한 과정이 될 것으로 예상되며, 리비아처럼 1단계, 2단계 협상의 주제가 바뀌면서 진행될 수도 있고, 먼저 핵 문제 타결을 협상 대상으로 하여 일괄 타결하는 방식으로 진행될 수도 있을 것이다.

다만 앞서 살펴본 바와 같이, 미국 의회에서 제정된 '북한 제재 및 정책 강화법'에서 규정한 제재의 유예 내지 해제 조건은 미국 대통령이 미국 의회에 이를 증명해야(certify) 해당 제재의 중단 내지 해제가 가능하다는 점을 유의해야 한다. 미국의 대북 제재법 상 제재 완화의 요건에 비핵화에 대한 CVID 조건은 없으나 제재의 해제를 위해서는 CVID를 조건으로 하고 있으므로, 결국 북한에 대한 제재의 해제에서 북한의 비핵화가 가장 큰 협상의 과제가 될 것이다. 이 부분은 북한 정권이 정치적으로 결단할 사항으로서, 미국의 대북 제재법이 개정되거나 폐지되지 않는 이상 어느 시점에 이것이 성취될지 예측하기 쉽지 않다.

넷째, 리비아, 쿠바, 이란의 사례에서 보는 바와 같이, 민주적 선거에 의한 정권의 교체가 없는 상황에서 현 정권과의 협상으로 인한 제재의 완화 내지 해제는, 미국 정권의 성향에 따라 언제든지 제재가 원복되어 재부과될 수 있다는 점도 북한에 대한 제재의 완화 및 해제에 있어 시사하는 바가 크다.

미국은 1950년대 이후부터 대외정책의 수단으로 경제 제재를 활용해 왔다. 완화 및 해제 사례를 살펴보면, 그 어떤 사례를 보더라도 미국이 자국의 대외정책 기조, 즉 지역 안보를 위한 테러 행위에 대한 제재 및 핵 개발 등 대량살상무기 프로그램 확산 저지, 민주주의 확산 및 인권 보호, 마약, 돈세탁, 달러 위조 등 국제범죄 저지 등의 목적을 수정한 일이 없다.

이러한 사례를 종합하면, 포괄적 제재, 목록 기반 제재 모두 통틀어 기존 어느 제재 프로그램보다 강력한 북한에 대한 경제 제재는, 그 해제에 있어서도 상당히 오랜 협상 과정 및 단계를 거칠 것으로 판단되며, 그 속도와 방향 역시 북한이 어떤 선택을 하느냐에 따라 달라질 것으로 보인다.

다섯째, 만약 북한의 선택으로 북·미 간의 비핵화 협상이 진척되더라도 리비아, 베트남 등의 사례에서 보는 바와 같이 미국의 제재는 단지 정치적인 선언에 의해 해제 또는 완화가 되는 것이 아니라, 실질적인 제재의 목적이 달성될 때에만 미국의 경제 제재가 완전히 해제될 수 있음을 확인할 수 있다. 실제로 리비아의 경우 미국의 요구에 따라 핵사찰을 수용했고, 베트남도 캄보디아에서 철수했다는 점을 상기할 필요가 있다. 따라서 북·미 간의 비핵화 협상 과정에서 일종의 정치적 선언이 있다고 하더라도, 그것이 제재의 목적에 부합하는 결과로 나타나지 않는다면 제재가 완화 또는 해제될 수 없음을 유의해야 한다.

여섯째, 북·미 간의 비핵화 협상에 따라 포괄적인 합의가 있더라도, 핵 불능화를 위해서는 장기간의 시간이 필요하기 때문에 북한에 대한 제재도 포괄적 합의와 단계적 이행으로 나아갈 수밖에 없다. 이에 따라 베트남의 사례에서 보는 바와 같은 단계적 제재 완화 조치는 북한의 사례에도 참고할 만하다. 미국이 베트남에 제시한 4단계 '관계 정상화 로드맵'처럼, 북한이 미국과의 비핵화 협상에서 제시하는 비핵화 로드맵을 성실하게 이행할 경우 이에 비례하여 ① 북한 여행에 대한 제한을 풀고 외교 정상화에 대한 회담을 시작

(이 과정에서 재미교포들이 미국에서 북한으로 송금하는 것을 허용하고, 북한 여행사 활동을 허용) → ② 미국 회사가 북한에 사무실을 열고 계약을 할 수 있도록 허용 → ③ 북한에 대한 무역 제재와 투자 제재 완화 → ④ 북한에 최혜국대우(MFN)를 부여하는 것을 제시할 가능성이 있다. 이 과정에서 미국은 북한이 비핵화 협상에 따른 비핵화 조치를 성실하게 이행한다고 판단할 경우, 미국이 국제금융기구의 대북한 차관 제공에 반대하던 것을 철회하고, 미국 기업이 국제금융기구의 북한 개발 프로젝트에 참여하는 것을 허용할 가능성이 있다.

일곱째, 이란의 사례에서 보는 바와 같이, 북·미 간의 신뢰가 아직 형성되어 있지 않은 점을 감안하여 이란 제재에서 활용했던 스냅백 조항(Snap Back)이 삽입될 가능성이 높다. 그렇다면 북한이 비핵화 조치를 성실하게 이행하지 않을 경우에는 대북 제재가 다시 복원되기 때문에, 북한이 돌이킬 수 없는 비핵화 조치를 취하는 단계에 이르기 전까지는 미국 기업이 북한 개발 프로젝트에 참여하기가 쉽지 않아 보인다. 그러므로 북한은 이란 사례에서 보는 바와 같이 미국 내 정치 상황에 따라 스냅백 조항이 활용될 수 있다는 위기 의식을 느껴, 북한에 대한 포괄적 비핵화 합의에 중국, 영국, 프랑스, 러시아 등 미국을 견제할 수 있는 국가의 참여를 유도할 수도 있다.

V. 결론

이상과 같이 미국의 독자적 제재는 미국 재무부 해외자산통제국(OFAC) 중심으로 이루어지며, 미국 시민과 기업, 기관에 대한 제재인 '1차 제재'(primary sanctions)뿐만 아니라 특정 거래에 미국(영토, 정부 등) 혹은 미국인(US Persons, 개인, 기업 등)이 관여되지 않더라도, 미국의 공급망 및 금융기관의 지위를 활용하여 미국의 제재 대상국과 거래하는 제3국의 개인, 기업 및 기관에 대하여 거래 금지 대상자 등재 혹은 금융 제한 조치 등을 적용하는 '2차 제재'(secondary sanctions)를 가할 수 있다는 데에 그 특징이 있다.

미국의 대북 제재 법적 근거는 2016년 이전의 적성국교역법, 수출입은행법, 수출통제법, 대외지원법, 국가비상사태법, 국제비상경제권한법, 수출관리법, 핵확산금지법, 애국법 등이 있고, 2016년 이후에는 북한을 직접 대상으로 한 북한 제재 및 정책 강화법, 제재를 통한 적성국 대응법, 아시아안심법, 오토 웜비어 북핵 제재 및 강화법 등이 있다.

미국의 독자적 제재 대상 국가 중 제재가 완화 내지 해제된 대표적인 각각의 사례를 살펴보면서, 이를 토대로 향후 북·미 간의 비핵화 협상이 재개될 경우 북·미 간 비핵화 협상 로드맵을 전망해 보았다. 각국이 처한 상황이 모두 다르고 북한의 상황과 일치하지 않기 때문에 미국이 각국에 취했던 경제 제재 및 완화, 해제 사례가 곧바로 북한에 모두 적용되리라고 예측하기는 어렵다.

그러나 미국은 i) 경제 제재를 완화, 해제함에 있어 포괄적 합의와 단계적 이행을 추구하고 있는 점, ii) 장기간이 되더라도 제재를 통해 달성하고자 하는 외교적 목적이 충족될 때까지 경제 제재를 풀지 않았다는 점, iii) 포괄적 합의를 통해 합의하더라도 제재 대상 국가가 성실하게 합의를 이행하지 않고 미국의 정치·외교적 이익에 부합하지 않을 경우 스냅백 조항을 활용하는 등 다시 제재를 강화하였다는 점 등은 공통점이라 할 수 있다.

따라서 미국이 북한과의 비핵화 협상을 통해 포괄적 합의를 하더라도, 북한이 이에 따른 핵 불능화 조치를 제대로 이행하지 않을 경우 경제 제재 완화가 상당 기간 지연되거나 다시 강화될 수 있음에 유의할 필요가 있다. 그리고 이러한 미국의 독자적 대북 제재의 해제 프로세스와 북·미 비핵화 협상의 추이를 지켜보며, 남북 교류 협력이나 대북정책에 있어 각 시나리오별 실행 계획(action plan)을 미리 마련해 두어야 한다.

2024년 미국의 대북정책은 바이든 행정부가 추진하던 기존 대북정책 기조를 그대로 유지할 것으로 보인다. 미국 입장에서 현재 대북 억제가 안정적으로 작동하고 있어 북한에 대한 양보가 필요한 상황이 아니며, 우크라이나·러시아 전쟁, 이스라엘·하마스 전쟁, 중국·대만 양안 문제 등 더욱 시급한 외교 문제가 있기 때문이다. 유엔 안보리 제재와 미국의 독자적 제재에 대응하기 위해 북한은 중국과 러시아와의 유대를 강화할 것이다. 이에 따라 미국도 북한에 대한 억제력 강화를 위해 한미일 삼각 공조는 물론 나토를 비롯한 서방 동맹국가와의 연대를 강화하는 정책을 추진할 것으로 예상된다.

이렇게 시시각각 변화하는 국제정세와 미국의 대북 제재 정책 흐름을 파악하여 북·미 간의 관계에 대응하는 미국의 독자적 대북 제재 해제 프로세스를 연구하고, 이에 맞추어 대한민국의 대북정책과 대응방안도 시나리오별로 구체화할 필요가 있다.

제4장

유엔 SDGs를 통한
남북 환경법제 통합 방향

I. 서론

2018년은, 4월 27일 판문점 선언 이후 남북 관계가 해빙을 맞이하여 남북 교류 협력이 최고조에 달하였고, 남북 연합 또는 통일이 먼 장래의 일로 여겨지지 않는 때였다. 그러나 이러한 남북 화해 무드를 뒤로한 채 2019년 2월 28일 하노이 북·미 정상회담이 아무런 성과 없이 끝나게 되자 남북 관계는 경색되기 시작하였고, 급기야 2020년 6월 16일 남북공동연락사무소가 폭파되었다. 이후 2020년 12월 남북공동연락사무소 폭파의 직접적인 빌미가 된 대북 민간단체의 대북 전단 살포를 막기 위한 대북전단금지법이 당시 정부와 여당의 주도로 국회에서 통과되었다.

2021년 5월 문재인 전 대통령이 취임 4주년 특별 연설에서 남은 임기 1년을 미완의 평화에서 불가역적 평화로 나아가는 마지막 기회로 여기겠다는 의지를 보이고, 같은 달 개최된 한미 정상회담에서는 바이든 미국 대통령과 함께 한반도의 완전한 비핵화 등을 목표로 외교와 대화를 수단으로 삼겠다는 점을 재확인하는 등 대한민국 정부는 여러 경로로 대화를 위한 메시지를 보냈으나, 이에 대해 북한은 별다른 반응을 보이지 않았다. 그리고 2024년 북한은 대한민국과의 관계를 주적 관계로 천명하는 등 남북 간 대치 상황은 계속되고 있다.

이러한 북한의 전략적 판단에 따라 남북 간의 직접적인 교류 협력은 당분간 어려울 것으로 보이며, 국제적인 다자 협력의 틀 안에서 남북 대화 또는 교류 협력을 추진하는 것이 현실적인 대안이 될 수 있다. 한편, 글로벌 중추 국가를 지향하는 대한민국 역시 유엔의 회원국으로서 유엔 안보리의 대북 제재를 준수할 수밖에 없고, 동맹국인 미국의 입장도 고려해야 하는 점에 주의할 필요가 있다. 특히 자원이 부족하고 통상 국가인 대한민국 입장에서는 규칙에 기반한 국제질서가 확립되어야 국가경제 발전에 이바지할 수 있다는 측면에서, 국제법 질서 준수는 대한민국의 활로와 깊은 연관이 있다.

결국 현재 국제질서상 남북 교류 협력은 ① 국제사회의 대북 제재에 위반되지 않으면서, ② 다자간 협력이 가능하며, ③ 대화 상대방인 북한 당국도 협력 필요성을 느끼는 분야에서부터 출발하는 것이 필요하다. 그러한 점에서 남북 간 환경 협력은 비정치적인 의제로써 서로에게 정치적 부담이 덜한 분야이며, 한반도라는 생활 터전을 함께한다는 점에서 국제정세와 무관하게 남북 협력이 필수적인 분야이기도 하다. 특히 미·중 신 전략경쟁 시기에도 전 세계적으로 문제가 되는 기후 변화 위기는 미국과 중국이 협력을 모색하는 분야인 것처럼, 동북아의 기후 변화 위기는 역내 모든 국가가 함께 협력해야 하는 국제적인 문제이기도 하다. 이러한 점에서 기후 변화 위기 대응이라는 국제적인 협력의 틀 안에서 남북한 환경 협력을 모색하는 방안을 고려할 필요가 있다.

한편, 유엔은 2015년 '지속가능발전의제'[154]를 채택하고, 2030년까지 빈곤 종식 등 지속가능한 발전의 실현을 위해 17개 목표와 169개 세부목표를 제시하였다. 지속가능발전목표(SDGs)[155] 이행을 위해서 유엔은 매년 유엔 경제사회이사회(ECOSOC) 주관으로 고위급 정치포럼(HLPF)[156]을 개최하고 있으며, 유엔 회원국은 4년마다 자발적으로 각국의 이행 상황을 검토하고 자발적국가검토보고서(VNR)[157]를 제출하고 있다. 종래에 유엔 등 국제사회와의 협력에 소극적인 태도를 보여 온 북한이 유엔 지속가능발전목표를 위한 협력 및 구체적 목표의 이행을 위한 조치에 있어서는 적극적인 모습을 보여주고 있다.

특히 북한은 유엔 SDGs를 감안해 '사회주의 강국 건설을 위한 경제 발전 5개년 전략(2016-2020)' 달성을 위해 유엔 SDGs를 북한의 국가 발전 목표(National Development Goals: NDGs)와 연계시켜 '우리 식 SDGs'를 표방하며 북한 자체적으로 SDGs를 설정하였는데, 목표별로 우선순위를 반영하여 17개 목표, 95개 세부목표, 132개 지표로 구성하였다. 이 중 순번 6(물과 위생의 지속가능한 사용 및 관리 보장), 순번 13(기후 변화 그리고 그 영향과의 투쟁), 순번 14(해안, 바다, 수산 자원의 보존과 지속가능한 활용), 순번 15(숲, 토지 황폐화 되돌리기, 생물 다양성 유지의 지속적인 관리) 등이 환경 분야와 직접적인 관련이 있다.[158]

〈표14〉 북한의 지속가능발전목표(SDGs) 목록[159]

순번	목 록
1	인민 생활 향상
2	농업 분야의 지속가능한 발전 및 식량 자급자족
3	모든 인민의 건강 보장과 삶의 질 개선
4	모든 인민의 지식노동자화

순번	목록
5	성평등 및 모든 여성·여아의 권한 강화
6	물과 위생의 지속가능 사용 및 관리 보장
7	모두를 위한 지속가능 현대식 에너지의 접근 보장
8	지식 기반 자력 갱생 경제 구축, 전 인민 대중 직업 보장
9	주체사상과 과학 기반 국가 경제 수립 및 인프라 현대화
10	국가 주체로서 인민 대중의 권리 및 역할 보장
11	풍요롭고 문명화된 삶을 위한 생활 조건 및 환경 보장
12	지속가능 소비와 생산의 보장
13	기후 변화 그리고 그 영향과의 투쟁
14	해안, 바다, 수산 자원의 보존과 지속가능한 활용
15	숲, 토지 황폐화 되돌리기, 생물 다양성 유지의 지속적인 관리
16	사회주의 체제 강화
17	우호 증진 및 파트너십 구축

북한은 VNR 보고서를 통해 SDGs 17개 목표별 북한의 이행 현황 및 주요 문제점, 2030년까지 SDGs 달성을 위한 추진 성과와 도전 과제, 우선순위 등을 제시하고 있다. 북한이 VNR 보고서를 제출한 것은, 유엔 SDGs를 적극적으로 수용함으로써 유엔 등 국제사회의 보편적 규범과 가치를 수용하고, 더 나아가 국제사회와의 협력을 통하여 정상 국가의 이미지를 가지는 한편, 국제사회의 대북 제재 상황 속에서 유엔 SDGs를 통해 타개책을 마련하고 경제적 측면에서 국제사회의 지원을 이끌어 내려는 의도가 있다고 볼 수 있다.

북한은 2018년 12월 19일 유엔 장애인권리위원회에 북한의 장애인 실태를 담고 있는 협약 이행에 관한 국가 보고서를 처음으로 제출했을 정도로 비정치적인 분야 중 국제사회의 지원 유도가 가능한 분야에서는 기존의 소극적인 태도에서 벗어난 모습을 보여주고 있다. 설령 북한의 의도가 대북 제재를 회피하고 국제사회의 지원을 유도하는 것이라고 하더라도, 보다 안정적이고 점진적인 북한 사회의 변화를 유도하고 북한의 '정상 국가화'를 지향한다는 관점에서 이러한 북한의 태도 변화는 긍정적으로 평가된다.

특히 환경 분야는 비정치적인 성격으로서 한반도의 생활 터전을 함께하고 있는 남북 간의 중요한 생존의 문제라는 점, 북한 역시 유엔 SDGs를 통해 환경 분야에 관심을 가지고 있는 점, 환경 문제는 남북뿐만 아니라 역내 모든 국가가 함께 협력해야 하는 분야라는 점 등을 감안하면, 환경 분야는 모든 국민들의 기본권인 환경권을 위해 남북 관계의 진전과 무관하게 협력을 모색해야 하는 분야이다. 또한 남북연합 단계 및 통일을 준비하는 과정에서 환경법제 통합에 대해서도 논의를 시작할 필요가 있다.

그러한 점에서 먼저 남북한 환경법제의 발전과 현황을 설명하고, 유엔 SDGs 이행을 위한 남북한의 이행 현황과 관련 법제를 살펴본 다음, 남북 환경법제 통합 방향에 대한 제언을 하고자 한다.

Ⅱ. 남북한 환경법제 비교

1. 대한민국의 환경법제

대한민국에서 환경 문제는 경제개발 5개년 계획 등 본격적인 공업화를 추진하기 시작한 1960년대에 들어서 대두되기 시작하였고, 경제 개발 과정에서 필연적으로 발생하는 환경오염 등의 문제에 대처하기 위해 1963년 대한민국 최초의 환경법인 '공해방지법'이 제정되었다. 공해방지법은 "공장이나 사업장 또는 기계·기구의 조업으로 인해 야기되는 대기오염·하천오염·소음·진동으로 인한 보건위생상의 피해를 방지하여 국민보건의 향상을 기하는 데" 그 목적이 있었고(제1조), 전문 21개조로 대기오염, 하천오염 및 소음, 진동을 규제하는 단일법주의에 입각한 위생법적 성격의 법이었다. 그 후 1971년에 대폭 개정되었고, 이전의 법에 비해 강력한 배출 규제 수단을 도입함으로써 공해물질 배출 허용 기준, 배출시설 설치 허가 제도, 이전 명령 제도 등을 도입하였다는 데 그 특징이 있다.[160]

대한민국은 1970년대 급속한 산업화·도시화가 이루어지자 환경 문제가 더욱 심각해졌고, 이로 인해 기존의 소극적인 규제 입법인 공해방지법만으로는 다양하고 광역적인 환경 문제에 효과적으로 대처하는 데 한계가 있다는 반성적 고려를 하게 되었다.[161] 이에 대한민국은 1977년 '환경보전법'[162]을 제정하여 환경오염을 사전에 예방할 뿐만 아니라 오염된 환경을 개선하는 것을 목표로 환경 영향 평가

제도, 환경기준, 오염물질의 총량 규제 제도 등을 신설하여 도입하였다. 종래의 대기오염, 수질오염 등의 공해적 측면만을 대상으로 하던 것을 자연환경을 포함하는 전반적인 환경 문제와 예방적 기능으로까지 확대하였으며, 현재뿐만 아니라 미래 세대까지 건강하고 쾌적한 환경에서 생활할 환경권을 보장하였다는 점에 의의가 있었다.

이후 대한민국은 1980년 헌법에서부터 환경권을 국민의 기본권으로 보장하였는데(현행 헌법 제35조 제1항)[163], 국민에게 환경권이라는 헌법상 기본권을 부여하고 국가에 환경보호 의무를 부과하였다는 점은 대한민국 환경법제에 있어 중요한 진전으로 평가된다. 이와 관련하여 헌법상 환경권 조항의 효력에 관하여 방침 규정에 불과한지, 추상적 권리인지 구체적 권리인지에 대해 다툼이 있지만, 국민에게 환경권이라는 기본권을 부여하고 국가에 환경보호 의무를 부과하고 있으며 이러한 국가의 의무가 법률의 제정을 통해 실현되어 왔다는 점에서 그 역사적 의의를 찾을 수 있다.

한편, 대한민국은 산업화로 인해 환경 문제가 심각하고 다양화되자, 오염 분야별 대책법의 제정이 필요하다는 인식 하에 환경법을 복수법 체계로 정립하였다. 구체적으로 살펴보면, 먼저 환경보전시책의 기본 이념과 방향을 제시하고 환경 관계법 상호간의 합리적 체계를 정립하기 위한 환경 입법의 기본법의 필요성이 대두됨에 따라 '환경정책기본법'[164]이 제정되어 기존의 환경보전법을 대체하였다. 이에 따라 환경보전법에 의해 규율되던 수질, 대기, 진동, 소음 등의 여러 분야가 각각 '대기환경보전법', '수질환경보전법', '유해화학물질관리법', '소음·진동관리법' 등으로 분법화되어 복수법 체계가 되었다. 그 밖에 '토양

환경보전법', '가축분뇨의 관리 및 이용에 관한 법률', '해양환경관리법', '미세먼지 저감 및 관리에 관한 특별법', '실내공기질 관리법' 등의 분야별 개별 환경관계법이 제정되어 현재에 이르고 있다.[165], [166]

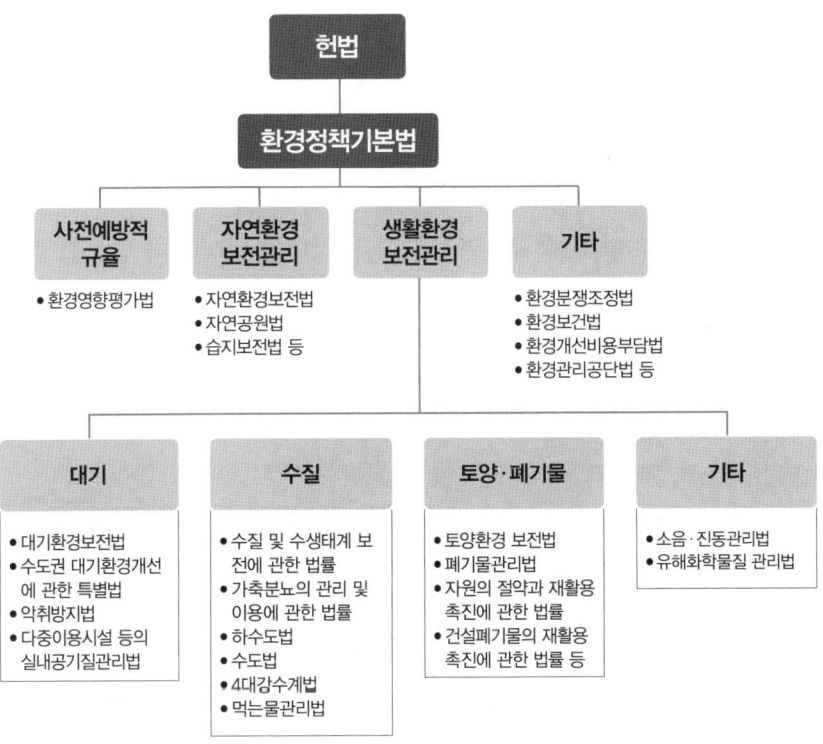

〈그림2〉 대한민국의 환경법 체계[167]

2. 북한의 환경법제

북한은 한국전쟁을 거치면서 전 국토가 폐허가 되었기 때문에, 정전 협정 이후에는 환경보호를 위한 환경정책보다는 국토 재건과 자연의 파괴를 복구하는 데 중점을 둘 수밖에 없었다. 또한 1960년대 사회주의 건설을 적극 추진하는 과정에서 중공업 우선의 경제 발전 전략과 계획 경제에 따른 생산 목표 달성을 위하여 수단과 방법을 가리지 않고 추진하는 과정에서 공해와 오염이 발생하고 산림이 황폐화되는 등의 환경오염과 환경 파괴 현상이 나타났다. 이처럼 환경이 오염되고 파괴되자 종합적, 통일적으로 국토 관리 사업을 할 필요성이 대두되었지만 당시만 하더라도 북한에 이렇다 할 환경 입법은 없었다.

이처럼, 1960년대 전 세계적으로 공해방지법이 제정되었음에도 북한은 환경 분야에 별다른 관심을 두지 않다가, 1970년대 중공업 위주의 산업화로 인해 환경 파괴가 심각해지자 더 이상 이를 방관할 수 없게 되었다. 이에 따라 북한은 개별적으로 '토지법', '인민보건법' 등에 환경보호 관련 조항을 포함시켰고, 1973년의 "자연보호 사업을 강화할 데 대하여"와 같은 주석 명령 또는 내각 결정의 형식으로 발표하는 등의 움직임을 보였지만, 환경보호와 관련한 법령 제정에는 여전히 소극적이었다.[168]

1980년대에 들어서면서 환경 문제가 점차 고도화되고 복잡한 양상을 띠게 되자, 1986년 북한 최고인민회의 제7기를 통해 '환경보호법'을 처음으로 채택하였다. 북한의 '환경보호법'은 환경 보호를 위하여 환경을 종합적이고 체계적으로 관리하기 위한 기본법에 해당하는 것으로 평가된다.[169]

북한의 환경보호법은 북한 환경보호 관계 법제의 기본법에 해당하는 것으로서, 제1장 환경보호의 기본 원칙, 제2장 환경관리, 제3장 자연환경의 보존과 조성, 제4장 환경오염 방지, 제5장 환경보호사업에 대한 지도 통제 등 총 5장 78개조로 구성되어 있다. 이와 관련하여 북한이 환경보호법을 제정한 배경에는 공해와 환경오염 문제의 심각성과 함께 국제적 고립에서 벗어나기 위해 국제환경기구와 교류하고 협력함으로써 국제사회의 지원을 이끌어 내려는 전략적 측면도 있었던 것으로 평가하기도 한다.[170] 이후 북한의 환경보호법은 1986년 제정된 이래로 2021년까지 총 9차례 개정된 것으로 확인된다.

한편, 북한은 1992년 사회주의 헌법을 개정하면서 제57조에서 "국가는 생산에 앞서 환경보호 대책을 세우며 자연환경을 보존, 조성하고 환경오염을 방지하여 인민들에게 문화 위생적인 생활 환경과 로동 조건을 마련하여 준다"라는 조항을 신설함으로써 종합적이고 체계적인 규범의 틀 안에서 환경권을 바라보기 시작하였다. 이후 1995년 환경보호법 시행 규정을 채택하고, 명승지천연기념물보호법[171](1995년), 바다오염방지법[172](1997년), 국토환경보호단속법[173](1998년), 유용동물보호법[174](1998년) 등을 제정함으로써 환경권에 대한 관심을 제고하였다.

특히, 북한은 1990년 민법을 개정하면서 제4편에서 민사책임과 민사시효에 관한 규정을 두고 있다. 민법 제240조에서는 "기관, 기업소, 단체와 공민은 남의 민사상 권리를 침해하였거나 자기의 민사상 의무를 위반하였을 경우 민사책임을 진다"라고 규정하면서, 환경오염에 대하여 민법 제250조에서 "국토와 자원을 보호하고 자연환경을 보존, 조성하며 환경 오염을 방지할 데 대한 국가의 법을 어기어 남의 재산에 손해를 준 기관, 기업소, 단체와 공민은 해당한 손해를 보상하여야 한다"라고 직접적 손해보상 규정을 두었다. 그리고 2001년 북한 민법상 불법행위에 관한 특별법으로서 '손해보상법'을 제정하면서 개인의 환경 침해가 발생할 경우 동법에 의해 피해 구제가 가능하도록 하였다(손해보상법[175] 제27조).

이후 북한은 자연보호구법[176](2009년), 환경영향평가법[177](2005년), 폐기폐설물취급법[178](2007년), 대동강오염방지법[179](2008년), 방사성오염방지법[180](2011년), 국토계획법[181](2002년), 하천법[182](2002년), 유전자전이생물안전법[183], [184](2004년), 지진·화산 피해 방지 및 구조법[185](2011년) 등을 채택하였고, 개성공업지구 환경보호 규정(2006년), 금강산국제관광특구 환경보호 규정(2011년) 등을 제정하여 특구와 관련된 법의 시행 규정에도 환경보호와 관련한 규정을 도입하였다.

특히 김정은 위원장 집권 이후에도 북한은 대대적으로 환경법제를 정비하였다. 구체적으로 북한은 1986년에 환경보호의 기본법인 환경보호법[186]을 제정한 이래로, 1999년, 2000년, 2005년, 2011년, 2013년, 2014년, 2019년, 2021년에 개정하였다. 그리고 개별 환경 입법으로 2012년 '대기오염방지법'을 제정하였는데, 이는 북한이 노후된 석탄발전소와 석탄·목재 중심의 난방, 환경에 대한 낮은 관심 등으로 대기오염이 심각한 수준이라는 것을 고려할 때, 북한 대기환경에 대한 법적 대응을 시작했다는 데 그 의의가 있다. 또한 북한은 2013년 '재생에네르기법'[187]을 제정하였는데, 북한의 어려운 에너지 사정 때문에 신재생에너지를 개발할 국가적 필요성이 절실함을 방증하는 것으로 평가된다.[188]

북한은 2014년에 '라선경제무역지대 환경보호 규정'을 제정하였는데, 이는 2006년 제정된 '개성공업지구 환경보호 규정'보다 진일보한 입법으로 평가된다. 라선경제무역지대 환경보호 규정은 개성공업지구 환경보호 규정보다 상세한 규정을 두었으며, 위 환경보호 규정을 위반할 시 상대적으로 처벌을 강화하였을 뿐만 아니라 환경영향 평가 기관, 심의 원칙, 작성 내용, 절차 및 제재 등의 내용도 구체적으로 규정하였다.[189]

한편, 수질오염 분야와 관련해서는 1986년 환경보호법을 제정하면서 제24 내지 29조에서 수질오염에 대한 규정들을 두었는데, 이를 구체화하기 위하여 바다오염방지법(1997년), 하천법(2002년), 대동강오염방지법(2008년) 등을 제정하였다. 이후 북한은 하천법을 2013년에 수정 보충하였고, 대동강오염방지법도 2013년, 2014년, 2021년에 수정 보충하였다. 산림법[190]도 1992년에 제정된 이래로 2021년까지 총 13차례 개정되었는데, 특히 산림구역에서의 금지사항을 구체적으로 정하고 그 위반 사항에 대한 행정적 책임을 지우는 경우를 열거하고 있는 것이 특징이다(산림법 제65조).

북한의 환경법제는 국내 환경보호의 중요성을 강조하면서, 아울러 국제적 환경보호사업에도 적극적인 자세를 취하고 있다는 특징이 있다. 이에 따라 현재까지 북한이 체결한 환경 분야 국제협약은 약 220여 개에 이르고, 김정은 위원장 집권 이후에도 북한은 지속적으로 환경 관련 국제회의에 대표단을 보내어 참여하고 있다. 구체적으로 북한이 1992년 기후 변화협약에 가입한 것은 물론, 대기오존층을 보호하기 위한 비엔나 협약, 몬트리올 의정서, 선박으로부터의 오염방지를 위한 국제협약, 잔류성 유기오염물질에 관한 스톡홀름 협약, 특정 유해 화학물질 및 국제교역에 있어서 농약 사전통보승인에 관한 로테르담 협약 등에 가입하였고, 김정은 위원장 집권 이후에도 람사르 협약과 동아시아-대양주 철새 이동 경로 파트너십에 가입하였으며, 금강산을 유네스코 생물권 보전 지역으로 등록하기도 하였다.

또한 북한은 2016년 UNFCCC 하의 파리협정 비준 이후, 기후 변화 대응을 위한 논의에 당사국으로 참여하고 있으며, '유엔 전략계획 2017-2021'을 세워 식량 및 영양 안보, 사회개발 서비스, 복원력과 지속가능성, 데이터 및 개발 관리를 포함한 4가지 우선순위를 선정하기도 하였다. 이처럼 북한이 환경 분야의 국제적 관심사에서 일정 부분 역할을 담당하고자 하는 모습을 비추는 것은, 3대 세습에 대한 북한의 부정적 이미지를 변화시켜 '정상국가화'를 지향한다는 것을 대외적으로 보여주고, 다른 한편으로는 식량난과 경제난을 타개하기 위하여 비정치적인 분야의 협력을 이끌어 내어 국제사회의 경제 지원을 자연스럽게 얻기 위한 노력의 일환으로 평가된다.[191]

<그림3> 북한의 환경법 체계[192), 193)]

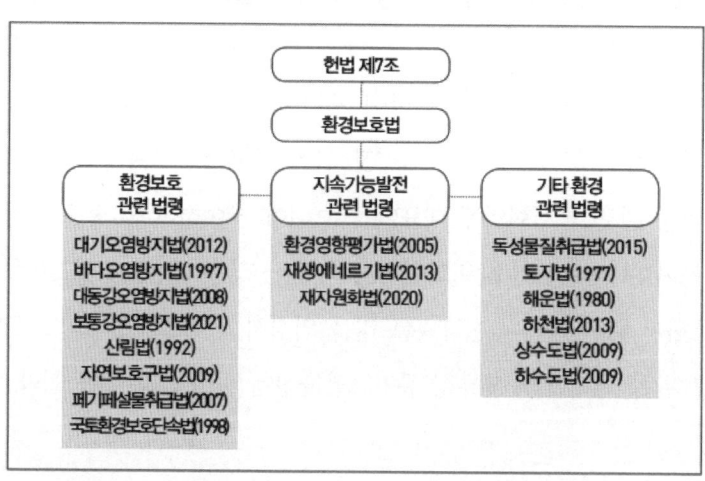

3. 소결

앞서 살펴본 바와 같이, 대한민국의 환경법제는 산업화로 인해 환경 문제가 심각하고 다양해지자 오염 분야별 대책법의 제정이 필요하다는 인식 하에 환경법을 복수법 체계로 구성하면서, 개별 환경법의 법률 단계에서 이미 각종 제도들을 구체적으로 망라하고 있다. 반면, 북한의 환경법은 오염 분야별 개별 환경법이 부족하고, 있다고 하더라도 북한의 환경보호법의 내용과 큰 차이가 없으며, 법률 형식으로 규정된 환경 관련 제도가 매우 추상적이고 그 내용이 미흡한 실정이다.

예를 들면 수질오염 분야의 경우, 대한민국의 환경법은 '수질 및 수생태계 보전에 관한 법률'에서 점오염원·비점오염원·기타 수질오염원의 관리, 오염 총량 관리제도, 공공수역의 수질 및 수생태계 보전을 위한 조사·목표 기준 결정 및 평가·각종 제한 또는 권고, 배출 허용 기준, 배출시설 및 방지시설의 설치·운영, 폐수처리업의 등록 등 다양한 제도들을 설정하고 있는 데 반해, 북한의 환경법은 환경보호법 제49조에서 제56조와 대동강오염방지법, 하천법, 바다오염방지법 등에서 버림물의 정화, 정화장 등 건설, 오염방지 설비 및 지도 통제 수단 등에 대해 대략적인 내용을 제시하는 형태로만 규정되어 있는 정도이다.

이러한 차이를 감안하면, 남북한의 환경법제 통합은 현실적으로 대한민국의 환경법을 주로 하여 북한에 이식하되 북한의 특수성을 일부 반영하는 형태로 하는 것이 효율적인 방안이 될 수 있다. 대한민국의 환경법은 국제 수준에 맞추어 이미 발전되어 있는 반면, 북한은 상대적으로 환경 법제를 구체화, 분법화 하는 시기가 늦어져서 제도적으로 국제 수준에 미치지 못하는 경우가 있기 때문이다. 이러한 점을 감안하면 결국 남북한 환경법제 통합은 대한민국의 환경법을 북한의 환경법에 적용하되, 다만 그 적용의 순서와 정도를 달리하는 경과 규정의 입안을 설계하는 형태가 될 것이고, 이를 위해 외국의 사례 검토, 북한 환경에 대한 자료 축적, 대한민국의 환경법이 겪은 시행착오 등을 반영하는 것이 바람직할 것으로 보인다.

Ⅲ. 유엔 SDGs 이행을 위한 남북한 환경법제 정비

17개의 유엔 SDGs 가운데 기후환경 분야에 직접적으로 관련된 목표는 SDG 6: 깨끗한 물과 위생(Clean Water and Sanitation), SDG 13: 기후행동(Climate Action), SDG 14: 해양생물(Life Below Water), SDG 15: 육상생물(Life On Land) 등이 있다. 이를 기준으로 남북한의 SDGs 이행 현황 및 관련 법제를 살펴보겠다.

1. 대한민국의 유엔 SDGs 이행 현황 및 관련 법제

대한민국은 북한과 달리 "지속가능 발전을 이룩하고, 지속가능발전을 위한 국제사회의 노력에 동참하여 현재 세대와 미래 세대가 보다 나은 삶의 질을 누릴 수 있도록" '지속가능발전 기본법'을 제정하여 시행하고 있다(동법 제1조 참조). 2018년 수립된 대한민국의 국가 지속가능발전목표(K-SDGs)는 17개 분야, 122개 세부목표와 214개 지표로 구성됐지만, 2020년 수립된 제4차 지속가능발전기본계획에서는 2040년을 목표연도로 하고 세부목표 119개와 지표 236개로 개편하였다. 구체적 내용은 다음과 같다.[194]

가. SDG 6: 깨끗한 물과 위생(Clean Water and Sanitation) 관련

대한민국은 "건강하고 안전한 물관리"를 위해 ① "모두를 위한 안전한 식수를 공평하게 공급한다." ② "모두에게 편리한 하수도 서비스를 제공한다." ③ "수질오염 물질의 수계 유입을 최소화하여 수질 개선을 담보한다." ④ "물공급 안정성 도모를 위해 수자원을 효율적으로 사용한다." ⑤ "수생태계의 건강성을 회복하고 다양성을 확대한다." ⑥ "건강하고 안전한 물관리를 위해 지역공동체 참여를 지원하고 강화한다." 등의 세부목표를 가지고 있다.

이와 관련된 법제로는 '물관리기본법', '먹는물관리법', '하수도법', '물 관리 기술 발전 및 물산업 진흥에 관한 법률', '지하수법', '물의 재이용 촉진 및 지원에 관한 법률', '수도법', '댐 건설 및 주변 지역 지원 등에 관한 법률', '친수구역 활용에 관한 특별법', '댐 주변 지역 친환경 보전 및 활용에 관한 특별법', '수자원의 조사·계획 및 관리에 관한 법률', '물환경보전법', '한강수계 상수원 수질 개선 및 주민 지원 등에 관한 법률', '금강수계 물 관리 및 주민 지원 등에 관한 법률', '낙동강수계 물 관리 및 주민 지원 등에 관한 법률', '영산강·섬진강수계 물관리 및 주민 지원 등에 관한 법률' 등이 있다.

나. SDG 13: 기후행동(Climate Action) 관련

대한민국은 기후 변화와 대응을 위해 ① "기후 변화로 인해 예상되는 위험을 감소시키고, 자연재해에 대한 회복 및 적응능력을 강화한다." ② "기후 변화에 대한 조치 계획을 지방정책 등에 노력한다." ③ "기후 변화 대응에 관한 역량을 강화한다." ④ "지구의 온도 상승을 산업화 이전 수준에 비하여 2℃보다 아래로 유지하고 더 나아가 온도 상승을 1.5℃까지 제한하도록 노력한다." 등의 세부목표를 가지고 있다.

이와 관련한 법제로는 '탄소중립기본법', '온실가스 배출권의 할당 및 거래에 관한 법률' 등이 있다.

다. SDG 14: 해양생물(Life Below Water) 관련

대한민국은 해양생태계 보전을 위해 ① "육상과 해상의 오염물질로부터 해양환경 보전을 위한 관리체계를 확립한다." ② "바다의 생태환경과 수산자원의 서식처를 적극적으로 관리한다." ③ "과학기술 협력 강화 등을 통한 해양 산성화에 의한 영향을 최소화한다." ④ "수산자원을 지속가능하게 관리하고 과도한 어업을 지양한다." ⑤

"해양생태계의 체계적인 보전과 현명한 이용을 위해 해양보호구역 지정 면적을 확대한다." ⑥ "해양자원의 지속가능한 이용을 통해 경제적 이익을 확보한다." ⑦ "해양과학 연구 역량 제고와 해양과학기술 이전을 확대한다." ⑧ "소규모 영세어업인의 안정적 어업 행위를 지원한다." ⑨ "해양과 해양자원의 보전과 지속가능한 이용에 대한 국제법을 국내법적으로 수용함으로써 해양과 해양 자원의 보전 및 지속가능한 이용을 강화한다." 등의 세부목표를 가지고 있다.

이와 관련한 법제로는 '해양환경관리법', '해양생태계의 보전 및 관리에 관한 법률', '해양 공간 계획 및 관리에 관한 법률', '해양폐기물 및 해양오염퇴적물 관리법', '수산업법', '수산자원관리법', '양식산업발전법', '동물원 및 수족관의 관리에 관한 법률', '해양수산생명자원의 확보·관리 및 이용 등에 관한 법률', '해양과학조사법', '해양수산과학기술 육성법', '무인도서의 보전 및 관리에 관한 법률', '해양치유자원의 관리 및 활용에 관한 법률', '해양조사와 해양정보 활용에 관한 법률', '해양교육 및 해양문화의 활성화에 관한 법률', '해양환경 보전 및 활용에 관한 법률', '연안관리법', '수산종자산업육성법', '환경친화적 선박의 개발 및 보급 촉진에 관한 법률', '내수면어업법', '독도의 지속가능한 이용에 관한 법률', '공유수면 관리 및 매립에 관한 법률', '유류오염손해배상보장법' 등이 있다.

라. SDG 15: 육상생물(Life On Land) 관련

대한민국은 육상생태계 보전을 위해 ① "육상과 내륙 담수의 생태계 다양화를 위해 보전과 복원 활동을 활성화한다." ② "산림 파괴 중단, 황폐화된 산림 복원 등 지속가능한 산림 경영을 강화한다." ③ "가뭄·홍수·개발 등으로 황폐화된 토지를 복원하기 위해 노력한다." ④ "생물다양성 손실을 예방하기 위해 멸종위기종을 보호한다." ⑤ "동식물 보호종의 포획과 불법거래를 없애도록 노력한다." ⑥ "침입외래종의 유입을 예방하고 이들이 육지 및 수중 생태계에 미치는 영향을 줄이기 위한 조치를 취한다." ⑦ "개발사업 등 인간 활동으로 단절된 생태축의 복원과 생태 네트워크 유지·관리를 위해 노력한다." 등의 세부목표를 가지고 있다.

이와 관련한 법제로는 '환경정책기본법', '자연환경보전법', '생물다양성 보전 및 이용에 관한 법률', '야생생물 보호 및 관리에 관한 법률', '습지보전법', '토양환경보전법', '백두대간 보호에 관한 법률', '유전자원의 접근·이용 및 이익 공유에 관한 법률', '독도 등 도서 지역의 생태계 보전에 관한 특별법', '남극 활동 및 환경보호에 관한 법률', '자연공원법', '환경영향평가법' 등이 있다.

2. 북한의 유엔 SDGs 이행 현황 및 관련 법제

가. SDG 6: 깨끗한 물과 위생(Clean Water and Sanitation) 관련

SDG 6과 관련하여, 북한은 유엔 SDGs와 동일하게 세부목표와 이행기관을 지정하고 있다. 대표적으로 안전한 식수와 위생, 물 공급과 관련하여 2019년 블라디보스토크 동북아시아 다자주의 포럼에서 북한은 안전한 식수와 깨끗한 위생 방면에 점진적인 개선이 이루어졌으며, 수질 개선과 수자원 효율성 증진, 그리고 식수 부족 문제 해결의 중요성을 인식하고, 중력급수공급시스템(GFS)을 도입하면서 지속가능한, 에너지 절약형 급수 시스템을 구축하였으며, 주변 국가와의 협력을 통해 통합수자원관리시스템(IWRM: Integrated Water Resources Management) 프로젝트를 진행 중이라고 밝힌 바 있다.[195], [196] 또한 모두에게 안전한 물 공급을 위하여 수돗물 정화, 소독 나노 기술을 개시함으로써 수돗물 수질 개선과 사람들에게 양질의 식수를 제공하기 위해 생수 공장을 설립하는 등 노력을 기울이고 있다고 주장하면서, 이를 위하여 북한은 '상수도법'을 개정하는 등 관련 법제를 개선하였다.[197]

앞서 살펴본 바와 같이, 북한의 수질오염 분야 환경법은 1986년 '환경보호법'이 제정되면서부터 입법되기 시작하였다. 환경보호법은 제49조 내지 제53조에서 수질오염에 대한 규정들을 두었는데, 이는 북한 수질오염 분야 환경법의 기본법에 해당한다고 할 수 있다. 그리고 개별법으로서 1997년 제정된 '물자원법',[198] 2002년 '하천법', 2008년 '대동강오염방지법', 2009년에는 '상수도법'[199]과 '하수도법'[200] 등이 제정되었다.

'물자원법'은 물자원의 조사 개발, 보호와 이용에 관한 사항을 규율하고 있는데, 물자원의 보호는 물의 질과 량을 보존하고 물의 손실을 막는 것이 핵심이며(동법 제15조), 정화장, 침전지를 건설하고 정상적으로 정화하거나 침전시키지 않은 버림물(하수)은 하천, 저수지,

호소에 내보낼 수 없도록 하였다(동법 제18조). '상수도법'은 상수도시설의 건설과 관리 운영, 생활용수의 생산, 공급, 리용(이용)에서 제도와 질서를 엄격히 세워 인민생활에 필요한 물을 원만히 보장하는 것을 목적으로 한다(동법 제1조). '하수도법'도 상수도법과 마찬가지로 2009년 제정되었으며 생활오수, 산업폐수, 비물(빗물) 같은 버림물을 처리하기 위하여 하수도 시설의 설치 관리 등을 규정하고, 동법상 하수도시설에는 오수망, 우수망, 뽐프장(펌프장), 정화장 같은 것이 속한다(동법 제2조).

'하천법'은 2002년 11월 27일 입법되었는데, 2013년 개정된 내용은 하천의 관리를 분담 받은 기관, 기업소, 단체는 하천의 보수, 정비체계를 세우고 제방, 옹벽, 모래잡이 언제, 수문 같은 하천보호시설물을 주기적으로 보수, 정비하도록 하였다(동법 제18조).

나. SDG 13: 기후행동(Climate Action) 관련

SDG 13과 관련하여, 북한은 기후행동을 "기후 변화와 그 영향에 맞서 싸우기 위한 대규모 사회운동"(Wage mass movement to combat climate change and its impacts)으로 정하고 세부목표는 유엔과 동일하게 규정하고 있다. 즉 기후재난과 관련하여 북한은 2019~30 국가재난경감전략(NDRS)을 시행하여 2030년까지 전국적인 재난 관리의 제도화, 국민의식 제고, 자재 공급 능력 향상 등을 목표로 하고 있다.[201] 또한 기후위기 대응과 관련하여 북한은 기후 변화 영향에 대응하기 위해 "국가재해위험감소전략(NDRS), 국가환경보호전략(NEPS),

국가온실가스감축계획, 국가기후 변화적응전략"을 수립하고, 기후 변화 적응 능력을 강화하기 위한 정책을 수립하였다. 2016년 유엔기후 변화협약(UNFCCC)에 제출한 보고서에서 "2030년까지 BAU 시나리오 대비 국내 자원의 온실가스 배출량을 8.0%까지 감축하겠다"라고 하면서, 기후 변화 대응을 위해 환경보호법, 환경영향평가법, 대기오염방지법 등 22개 법률을 개정하고 중장기 전략을 수립하겠다고 하였다.[202]

기후행동과 관련하여, 북한의 '대기오염방지법'(2012년)은 대기오염의 감시, 대기오염물질의 배출 및 정화, 대기환경의 보호를 통하여 인민들의 생명과 건강을 보호하고 '생태환경'을 개선하는 것을 목적으로 한다(동법 제1조). 이를 위해 대기오염과 '기후 변화'를 가져오는 화석연료의 이용을 점차적으로 줄이기 위하여 수력과 풍력, 태양에네르기, 지열, 조수력, 생물 연료를 적극 개발, 리용(이용)하도록 하고 있다(동법 제6조). 2014년 제정된 '재해 방지 및 구조, 복구법'[203]은 재해 방지 및 구조, 복구사업을 규율하기 위한 것으로, 여기서 말하는 '재해'란 "큰물, 폭우, 태풍, 해일, 지진, 화산 활동 같은 재해성 자연현상이나 그 밖의 요인으로부터 발생하는 인민의 생명 안전과 국가 및 사회협동단체, 공민의 재산에 끼치는 엄중한 피해를 말한다"라고 규정하여 기후위기에 따른 재난은 명시적으로 규정하고 있지 않지만, 기후위기와 관련하여 파생되는 자연재해에 대한 재난 상황은 모두 규정하고 있다(동법 제2조).

다. SDG 14: 해양생물(Life Below Water) 관련

SDG 14와 관련하여, 북한은 해양환경 보전에 관한 목적과 그 세부목표를 유엔과 동일하게 규정하고 있다. 즉 해양오염 방지와 관련하여 연안의 최소 10% 이상을 보전 지역으로 확대하고 수질 보전을 위한 육상오염원에 관한 감시와 더불어 해안시설이나 항구, 선박에 대한 폐수 배출 감시 등 오염의 사전 예방을 위한 관련 정책을 시행하고 있다. 또한 '환경보호법'과 '바다오염방지법'을 개정하고, 해안과 하천 관리규정(the regulation of coast and territorial waters management, 2020)을 제정하는 등 법적 근거를 마련하였다.

해양자원과 관련하여 2016년 북한의 "제5차 생물 다양성에 관한 국가 보고서"에 의하면 "해양생태계 보호는 경제 발전 및 인민들의 삶의 질을 높이는 데 중요한 역할을 한다"라고 하면서, 1년에 두 차례 '해양 자원 보호의 달'(4월, 7월)을 지정하였고, 2019년 북한은 해양자원보호를 국가시책으로 추진하고 있다.[204]

해양생물과 관련하여 북한은 1997년 '바다오염방지법'[205]을 제정하였는데, 동법은 바다자원을 보호하고 바다오염방지사업의 규율과 질서를 바로 세워 수질과 자원을 보호할 목적으로 한다(동법 제1조). '바다오염방지법'은 육지오염물질에 의한 바다오염의 방지를 규정하고 기름, 유독성물질, 병원성폐기폐설물, 잘 분해되지 않은 유기물질, 중금속 폐수같이 바다를 심히 오염시킬 수 있는 오염물질(폐기물 포함)은 바다에 내보낼 수 없도록 하고 있다(동법 제21조, 29조). 그러나 예외적으로 육지에서 생긴 오염물질(폐기물 포함)을 승인을 받으면 바다에 배출할 수 있도록 하는 한계도 가지고 있다(동법 제22조, 29조).

한편, '환경보호법'은 "항과 포구, 갑문, 부두를 관리운영하는 기관, 기업소, 단체는 버림물과 오물처리시설을 갖추고 배에서 나오는 버림물과 오물을 규정대로 처리하며 바다, 하천에 떨어진 기름과 오물을 제때에 정화하거나 거두어 내야 한다. 항무감독기관은 무역배의 입항 신청을 받으면 기름오염 및 난파선 제거에 대한 보험 담보가 있는가를 확인하고 입항 승인을 하여야 한다"라고 규정(동법 제55조)하여 해양보호 의무를 규정하고 있다.

라. SDG 15: 육상생물(Life On Land) 관련

SDG 15와 관련하여, 북한은 육상생태계 등 자연환경 보전에 관한 목적과 그 세부목표를 유엔과 동일하게 규정하고 있다. 즉 산림 및 생태계 보전에 관하여 북한은 2024년까지 약 140만 헥타르의 산림을 조성하여 탄소 흡수원으로 연간 1,000만 톤 이상의 탄소 감축 능력을 목표로 제시하였고, 지속가능한 산림 강화를 위하여 2025년까지 정기적인 조사 및 모니터링과 모든 산림생태계의 생물다양성을 평가한다고 하였으며, 2020년부터 생태계 환경조사를 실시하고 지속가능한 생태계·산림 보호·관리·이용을 위한 데이터베이스를 구축한다고 하였다.[206]

이와 관련하여, 북한은 1986년 '환경보호법'을 제정하여 환경보호에 관한 규범적 의미를 더욱 확보할 수 있게 되었다. 현재까지 북한 '환경보호법'은 북한 환경보호에 관한 기본법에 해당되는 것으로서

제1장 환경보호의 기본원칙, 제2장 환경 관리, 제3장 자연환경의 보존과 조성, 제4장 환경오염 방지, 제5장 환경보호사업에 대한 지도통제 등 총 5장 78개조로 구성되어 있다. 2009년 제정된 '자연보호구법'[207]은 자연환경 보호에 관한 일반법으로 기능하고 있다. 자연보호구법에서 말하는 '자연보호구'란 자연의 모든 요소들을 자연 상태 그대로 보호하고 증식시키기 위하여 국가적으로 설정한 구역이며, 자연보호구에는 생물권보호구, 원시림보호구, 동물보호구, 식물보호구, 명승지보호구 등이 있다(동법 제2조).

또한 북한은 국토 개발과 건설 과정 중 발생하는 환경 영향을 심의하기 위하여 2005년에 '환경영향평가법'을 제정하였는데, 환경보호기관이 정하는 건설 대상에 대한 환경평가의무를 규정하고 있다(동법 제18조, 제25조).

이외에도 북한의 관련 입법으로는 '산림법'을 1992년 12월 11일에, '원림법'[208]을 2010년 11월 25일에 각각 제정하였고, 환경질서 위반 행위를 엄격히 단속하고 환경을 보호하고자 1998년 '국토환경보호단속법'[209]과 유용한 동물과 기념물인 조류를 보호하기 위한 1998년 '유용동물보호법'[210] 등을 제정하였다. 명승지와 천연기념물의 보호사업과 그 지도를 위해 1995년에 '명승지·천연기념물 보호법'[211]이 제정되었으며, 이밖에 '국토계획법'(2002년), '유전자전이생물안전법'(2004년), '유기산업법'[212](2005년), '농약법'[213](2006년) 등이 제정되었다.

3. 소결

이상에서 보는 바와 같이, 북한은 유엔 SDGs를 자신의 국가발전 전략과 연계할 뿐만 아니라 각 분야별로 법제화하는 등 적극적으로 이를 수용하고 있다. 특히 김정은 위원장이 집권한 이후 사회주의 법무 생활을 강조하면서 사회 각 분야의 법제 정비에 적극 나서고 있는데, 그중에서도 각종 재난과 기후 변화로 인한 재해 대책 등과 관련된 법제 정비에 집중하는 특징을 보인다.[214] 또한 대한민국도 '지속가능발전 기본법'을 제정하여 이를 시행하고, 2040년을 목표로 지속가능발전기본계획을 수립하는 등 유엔 SDGs를 적극 실천하고 있다.

이처럼 유엔 SDGs는 대한민국과 북한 모두의 환경법제 변화를 이끌어내는 공통의 기준이 되고 있으며, 이는 향후 남북한 환경법제 통합에도 기여할 수 있을 것으로 보인다. 이에 남북한 환경법제 통합 논의를 더욱 촉진하고 환경법제 통합을 위한 남북 간 교류를 강화하기 위하여, '지속가능발전 기본법'에 남북 환경법제 통합에 관한 관련 규정을 추가하는 것도 적극적으로 검토할 필요가 있다. 즉 '지속가능발전 기본법' 제7조 제2항에서 국가기본전략을 수립하는 과정에서 여러 관련 사항을 고려하도록 하고 있는데, 여기에 '남북한 환경 협력에 관한 사항'을 추가하여 지속가능발전을 위한 국가 기본 전략 수립에 남북한 환경법제 통합 방향도 포함될 수 있도록 할 필요가 있다.

Ⅳ. 남북 환경법제 통합 방향

1. 자유민주적 기본질서에 부합한 법제 통합 방향 설정

대한민국 헌법 제4조는 "대한민국은 통일을 지향하며, 자유민주적 기본질서에 입각한 평화적 통일정책을 수립하고 이를 추진한다"라고 규정하여, 자유민주적 기본질서에 입각한 평화적 통일정책이 대한민국의 헌법적 가치임을 명백하게 밝히고 있다. 따라서 남북한 환경법제의 통합방향도 '자유민주적 기본질서에 입각한 평화적 통일정책'의 방향이라는 본질적·내재적 한계가 있다.

남북한 법제 통합의 절차를 보면 i) 북한의 급변 사태로 인한 급속한 법제 통합 ii) 남북한의 합의 또는 남북연합 단계를 통한 단계적 법제 통합 방안이 있을 수 있다. 북한의 사태 급변으로 인한 급속한 법제 통합은 현 단계에서 정확히 예측하기 어려우므로, 본고에서는 남북한의 합의 또는 남북연합 단계를 통합 단계적 법제 통합 방안을 전제로 논의하겠다.

일반적으로 남북한 법제 통합의 순서로는 ① 해당 부문의 상호교류, ② 남북한 전문가들의 합동 실태 조사, ③ 해당 부문에서의 합당한 정책 모델 모색, ④ 해결하기 쉬운 부문부터 합의, 합의 사항 문서화, ⑤ 각 부문 합의 후 쌍방의 헌법 개정, ⑥ 단일 헌법의 개정, ⑦ 통일헌법 체제하에서 합의 내용을 법률로 제정, ⑧ 법률 시행 및 보완 입법 등의 단계를 밟을 것으로 보인다.[215]

남북 합의 또는 남북연합 단계에서의 법제 통합은, 비정치적 분야이면서 합의하기 쉬운 분야이자 공통의 이해관계가 있는 분야이기 때문에, 다른 분야보다 먼저 법제 통합 논의가 진전될 수 있다. 즉 환경 분야는 국민의 생존권, 환경권과 관련된 분야로서 실생활에 직접적인 영향을 미치는 분야일 뿐만 아니라 국제사회의 대북 제재가 시행되고 있는 현 시점에서도 세계적인 기후 변화위기 대응을 위해 북한과의 협력이 필수적인 분야이므로, 남북한 환경법제 통합은 다른 분야에 비해 상대적으로 먼저 통합이 논의될 가능성이 있다.

　다만, 환경 분야 법제 통합 논의가 비교적 용이하게 진전되더라도 대한민국 헌법 제4조의 자유민주적 기본질서에 입각한 법제 통합 방향이라는 헌법적 가치와 본질적·내재적 한계가 있음을 염두에 두고 협상할 필요가 있다는 점에 유의해야 한다. 상호 대립과 갈등의 반복, 남북한의 상호 신뢰의 부재 등 남북한의 특수성을 감안하면 환경 분야의 법제 통합이라 하더라도 북한 당국과의 지난한 협상 과정이 예상되고, 이 경우 성과 중심의 정치적 목표에만 치중하다 보면 자칫 대한민국 헌법적 가치인 '자유민주적 기본질서'에 입각한 통일정책 방향을 양보하거나 일부 훼손할 가능성이 있다.

　문제는 환경 분야의 법제 통합이 다른 분야보다 비교적 먼저 이뤄질 가능성이 있는데, 이 경우 환경 분야의 법제 통합이 하나의 선례가 되어 향후 남북한 법제 통합의 모델이 될 수 있다는 점이다. 그렇기 때문에 비정치적 분야인 환경 분야 법제 통합이라고 하여 가벼이 여겨서는 안 되며, 이것이 향후 다른 분야의 법제 통합의 방향성을 제시할 수 있다는 점에 유의하여 대한민국의 핵심 가치인 자유민주적 기본질서에 입각한 통일정책 방향에 맞추어 법제 통합 방향을 미리 준비할 필요가 있다.

2. 환경 분야 법제 통합을 위한 단계적 접근법

역대 정부의 대북 포용 정책은 북한의 비핵화를 목표로 추진되어 왔으나, 현실적으로는 국제사회의 대북 제재에도 불구하고 북한의 핵무기가 고도화되고 실질적인 위협이 되고 있다. 이에 향후 남북 협상 또는 남북 합의는 북한의 비핵화에 따른 국제사회의 대북 제재 완화 여부와 연동될 수밖에 없는 상황이 되었다. 북한이 실질적 비핵화에 돌입할 경우 남북한 법제 통합이 원활하게 이뤄지고 남북연합 단계로 들어가는 과정이 순탄할 것으로 예상된다. 그렇다 하더라도 북한의 완전한 비핵화가 이뤄지기 전까지는 국제사회의 대북 제재가 엄연히 존재하므로 이를 염두에 두어 법제 통합을 추진할 수밖에 없는 것이 국제질서의 현실이다. 바로 이러한 점 때문에, 남북한 환경법제 통합에 있어서도 북한의 비핵화 단계에 따라 단계적으로 접근할 필요가 있다.

가. 북한의 비핵화 조치 이전 단계

북한이 비핵화 조치를 하기 전에는 남북 간의 실질적인 법제 통합에 대한 논의를 시작하기 어려운 것이 현실이다. 특히 북한의 비핵화를 위한 2019년 2월 북·미 하노이 정상회담이 성과 없이 끝나자 남북 관계가 경색되어 남북 간의 직접 대화가 더 어려워졌다. 이 때는 남북간의 직접 대화를 통한 법제 통합 논의보다는 국제기구를 활용한 남북한 법제 통합의 기준을 마련하는 것이 더 실효적일 수 있다. 즉 앞서 살펴본 바와 같이 북한은 유엔 SDGs를 북한의 국가발전목표(NDGs)와 연계하여 '우리 식 SDGs'를 표방하며, 북한 자체적으로 설정한 SDGs는 목표별로 우선순위를 반영하여 17개 목표, 95개 세부목표, 132개 지표로 구성하고 이를 이행하기 위해 적극적으로 입법하고 있다. 이처럼 남북 간의 직접적인 합의나 대화가 어려운 시점에서는 유엔 등 국제기구를 통해 유엔 SDGs의 이행을 위한 관련 법제를 정비할 수 있도록 연구 활동과 환경 인프라를 구축하는 방안을 모색하는 것이 필요하다.

유엔 안보리는 유엔 안보리 결의 2087호 18항을 통해 대북 제재가 북한 주민들의 인도주의 상황에 부정적 결과를 유발해서는 안 된다는 점을 강조했고, 유엔 안보리 결의 2270호 48항에서는 북한 내에서 북한 주민을 위한 구호 활동을 수행하고 있는 국제기구 등의 업무에 부정적 영향을 끼쳐서는 안 된다고 명확히 했으며, 유엔 안보리 결의 2321호 46항에서는 1718 대북 제재위원회가 필요하다고 결정하는 경우 사안별로 면제할 수 있다고 밝혔다.[216] 또한 미국의 대북 제재를 관장하는 미국 재무부 해외자산통제국(OFAC)은 OFAC 제재 규정 31 CFR 510.512조(a)항을 통해 비영리민간단체(NGO)의 인도적 지원 사업과 환경 보호 활동 지원 사업 등의 경우 북한 정부와의 제한적인 거래(합리적인 수준의 비용 및 세금 지급 포함)를 허용하고 있기도 하다.

이처럼 유엔, 미국 등 국제사회의 대북 제재는 북한 주민들에 대한 인도주의적 지원에는 제재를 하고 있지 않으므로, 북한 주민들에 대한 수질환경 개선(SDG 6: 깨끗한 물과 위생)과 기후위기 대응(SDG 13: 기후행동) 등과 연계된 활동은 현 단계에서도 가능할 것으로 보인다. 예들 들어, 한반도 기후위기와 환경오염 등의 변화를 파악하기 위한 공동 실태 조사, 미세먼지 저감 등 한반도 대기질 개선을 위한 공동 대응, 국제기구를 통한 한반도 환경보호 활동 협력, 남북 간 협력을 통한 북한의 기후위기 및 환경보호 대처 역량 및 인프라 강화 활동 등 인도주의적 지원을 고려해 볼 수 있다.

이처럼 유엔 등 국제사회의 대북 제재는 북한에 대한 인도주의적 지원 자체를 막는 것이 아니기 때문에, 위에서 언급한 북한의 환경 인프라 구축을 위한 사업은 인도주의적 사업 차원에서 적극 추진해 볼 필요가 있다. 이러한 과정을 통해 북한은 국제사회의 지원을 받기 위해 자연스럽게 환경 분야 법제도 국제사회의 일반 기준에 맞추어 정비를 할 것으로 기대된다. 이를 통해 남북한 간에 환경법제에 공통점이 많아진다면 향후 남북 합의 또는 남북연합 단계에서의 법제 통합 논의를 위한 사전 준비가 될 수도 있다.

한편, 북한의 비핵화 조치 이전 단계라 하더라도, 남한 내 법제 정비를 통하여 향후 북한과의 남북 환경법제 통합 준비를 하는 방안도 고려해 볼 만하다. 즉, 한국의 물관리기본법 제37조에서는 "국가와 지방자치단체는 남북한 간 공유하는 물이 민족 공동의 자산임을 인식하고, 남북한 공유 하천의 공동 관리를 포함하는 물 관리 부문의 상호 교류 및 협력을 증진하기 위하여 노력하여야 한다"라는 선언적 규정을 두고 있는 바, 이러한 선언적 규정을 넘어 동법 제38조를 개정하여 물 관리와 관련된 협정 대상을 중앙행정기관과 지방자치단체 간으로 한정할 것이 아니라 북한 당국과의 협정에도 준용할 수 있도록 하여, 남북한이 공유하고 있는 하천의 관리를 체계적으로 할 수 있도록 법제 정비를 할 필요가 있다.

기후위기 대응 분야와 관련하여, 한국은 2023년 기후위기 대응을 위해 '기후위기 대응을 위한 탄소중립·녹색성장 기본법'을 제정하여 시행하고 있는 바, 동법 제75조(국제 협력의 증진) 제1항과 제2항에서 외국 정부와의 정보 교환, 기술 협력, 나아가 개발도상국의 기후위기 대응 촉진을 위한 재정 지원까지 가능하도록 규정하고 있다. 이러한 내용을 남북 환경 협력에도 확대 적용할 수 있도록 위 법을 개정하는 등의 법제 정비 방안도 고려해 볼 수 있다.

나. 북한의 실질적 비핵화 돌입 단계

북한이 실질적인 비핵화에 돌입한다면, 국제사회에서도 북한에 대한 경제 제재를 완화하는 조치가 있을 것으로 예상된다. 이 경우 남북 간에도 당국 간 환경 협력 문제가 활발하게 논의될 가능성이 있고, 이를 통해 남북한 환경 분야 법제 통합에 대한 논의도 이뤄질 것으로 예상된다.

이때 남북간 환경 협력 논의를 통해 유엔 SDGs를 기준으로 남북 환경 분야 법제 통합을 위한 공통의 기준을 마련하는 것이 필요하다. 그리고 이러한 공통의 기준을 가지고 남북한의 환경 분야 법제를 정비해 나간다면 자연스럽게 남북한 환경 법제 분야의 공통점이 많아질 것이고, 이는 실질적인 남북 환경 분야 법제 통합의 사전 작업으로 이어질 수 있다.

앞서 남북한의 SDGs 이행 현황 및 관련 법제를 검토하면서 남북한의 환경법제의 이행 정도와 수준을 알 수 있었는데, 이를 참고하면 향후 남북 환경법제 통합의 기준을 마련할 수 있을 것이다. 앞서 살펴본 바와 같이 북한의 비핵화 조치 이전 단계에서도 가능했던 수질환경 개선(SDG 6: 깨끗한 물과 위생)과 기후위기 대응(SDG 13: 기후행동)과 관련된 법제 통합을 좀 더 심화할 수 있을 것이고, 여기에 더 나아가 해양생물 분야(SDG 14)와 관련된 해양 생태계 보호와 관련된 법제 통합과 육상생물 분야(SDG 15)와 관련된 지속가능한 생태계·산림 보호·관리·이용 등과 관련된 법제 통합 작업도 시작할 필요가 있을 것이다.

이 단계에서는 부분적인 대북 제재 완화로 인하여 제한적인 형태의 남북 당국 간 교류 협력이 있을 것으로 예상된다. 이때 당국 간의 교류 협력 사업도 국제사회의 대북 제재를 고려하여 제도적이고 대규모적인 사업보다는 환경 관련 실태 자료 및 정보 자료 교류와 함께 관련 인사의 상호 방문 같은 인적 교류 등 기초적인 교류협력 사업부터 차근차근 진행하는 것이 적절할 것으로 보인다. 그리고 이 단계에서는 남북 관계의 상황을 고려하여 민간 차원의 남북한 환경 분야 교류 협력 추진이 더 효율적일 수 있으며, 정부는 민간 전문가 집단을 활용하여 북한 전문가들과의 교류 협력을 함으로써 이질적인 환경법제 분야의 통합에 기반을 조성하고 적극 지원할 필요가 있다.

이때 가칭 '남북 환경법제 통합 연구위원회'를 구성하는 것도 하나의 방법이다. '남북 환경법제 통합 연구위원회'를 통해 남북한 환경법제 통합 문제에 대한 전문가 집단 풀(pool)을 운영함으로써 북한의 관련 제도와 실태 연구를 진행하도록 하는 한편, 정부의 대북 환경 분야 교류 협력과 법제 통합 작업에 대한 정책적 지원 임무를 수행하도록 할 필요가 있다. '남북 환경법제 통합 연구위원회'의 전문가로는 환경 분야 남북 교류 협력 분야의 전문 연구자와 대북 환경 협력 사업 추진 경험 단체 및 기관의 관계자, 남북 관계 및 북한 법령 연구자 등 민간 분야의 전문가와 함께 법무부, 법제처, 환경부, 통일부 등의 관련 업무 담당자 및 대북 협상 유경험자 등 정부기관 인사로 구성하는 방안을 상정해 볼 수 있다.

다. 북한의 완전한 비핵화 단계

북한이 완전한 비핵화를 실현하여 남북 간 교류 협력에 국제법적인 장애가 없어질 경우에는 당국 차원에서 남북 합의 또는 남북 연합 단계를 위한 체계적인 법제 통합을 적극적으로 추진할 수 있다. 이를 위해 남북한 환경 분야 교류 협력과 남북 환경법제 통합을 체계적으로 추진하도록 정부 내 협력 프로세스 설정과 전담 TF의 구성이 필요할 것으로 보인다. 이러한 협력 프로세스의 정립을 통해 남북 교류 협력 정책에 대한 심의·의결 기구인 남북교류협력추진협

의회에서 '남북한 환경 협력'을 주요 의제로 상정하고, 5년마다 수립되는 '남북관계발전기본계획'에도 반영되도록 해야 할 것이다.

북한과의 합의를 통해 환경법제 통합 작업을 하기 위해서는 먼저 남북 환경법제 통합의 기초작업으로서 북한 실태 조사 작업이 필요하다. 이를 위해 북한 환경법제와 남북 환경 교류 협력 연구 사업을 적극 지원하는 한편, 남북 교류 협력이나 남북간 당국 회담 등의 기회를 활용하여 북한 환경 실태에 대한 실증적인 조사 작업의 진행을 추진할 필요가 있다.

또한 사회과학원 등 북한의 연구단체와 남북한 환경법제 통합 문제에 관하여 민간 차원에서 공동 연구를 추진하는 방안도 검토할 만하다. 북한의 환경 문제 연구 성과에 대해서 남북한이 공유하는 한편, 북한의 환경 규제 실태와 법제도에 대한 공동의 연구를 남북한 학술 교류 차원에서 추진할 수 있을 것이다.

이 단계에서는 남북 관계 개선에 따라 개최될 것으로 예상되는 남북 간 당국 회담에서 환경 협력 문제를 주요 의제의 하나로 제기할 필요가 있다. 남북회담에서 당국 간 환경 협력 문제를 협의하는 회담체로 남북 장관급 회담 산하의 '남북경제협력추진위원회 환경분과위원회'를 구성하는 방안을 검토할 수 있을 것으로 보인다. 이와 함께 당국 간 환경 협력 시범사업을 제안하여 협의하는 방안도 필요한데, 당국 간 시범사업으로는 비무장지대(DMZ) 생태공원 조성을 위한 당국 간 환경 정보 자료의 상호 교환, 환경 관련 법령의 교환 및 공동 연구, 환경 관련 담당기관 관계자의 상호 방문 등의 정례화 등을 검토해 볼 수 있다.

아울러 환경 분야에서의 남북한 합의 법제 구축 및 장기적인 차원에서의 환경법제 통합을 논의하기 위한 가칭 '남북 환경법제 통합위원회'를 남북 장관급 회담 체제 내에 설치함으로써 남북 환경법제 통합을 위한 실질적인 남북한 당국 간 협의를 진행하는 방안을 추진할 필요가 있다. 남북 환경법제 통합위원회는 남북한의 환경 분야 법제 통합 문제 협의를 위한 총괄기구로서, 이를 통해 과도적인 환경 분야 합의 법제 구축 문제와 장기적인 차원에서의 법제 통합에 대한 공동 작업 등을 추진할 수 있다. 남북 환경법제 통합위원회의 기능으로는 환경 분야에서의 남북 교류 협력 사업을 협의, 추진하고, 환경 분야 법령 정보의 교류, 환경법제 통합 문제의 협의 및 실무 추진 등의 업무 수행을 들 수 있으며, 위 위원회 산하에 실무협의회를 두어 실질적인 업무 수행이 가능하도록 해야 할 것이다.

3. 정부 부처 간의 유기적 협조 체계 구축

북한의 비핵화에 따른 단계적 접근법에 따라 실질적인 남북한 환경 법제 통합 작업의 추진을 위해서는 남북 관계 전문가 집단과 함께 환경 문제 전문가 및 법률 전문가 간의 협업이 필수적이다. 그리고 민간과 정부 간의 역할 분담과 유기적인 협력 체제의 구축도 필요하다. 남북한 환경법제 통합 작업은 전반적인 남북한 법제 통합의 맥락에서 추진되어야 하므로, 남북한 법제 통합의 주무기관이라고 할 수 있는 법무부를 주축으로 하여 법제처, 환경부와 통일부 등이 참여하고, 민간 분야에서는 남북법제 통합 전문가, 환경 전문가 등이 참여하는 구조로 통합 작업의 추진 체계를 수립하는 방안이 바람직할 것이다.

우선 법무부는 법제처와 협의하여 남북한 법령 통합 작업을 총괄하는 기관으로서 법령 통합 추진 계획을 수립하는 한편, 환경 분야 법제 통합 작업이 여타 분야 법제 통합 작업과 조화롭게 추진되도록 조정하는 역할을 수행해야 할 것으로 보인다.

환경부는 남북한 환경법제 통합 작업의 실질적 주도자로서 민간 분야에서의 남북 환경 교류 협력 사업을 지원하는 한편, 북한의 '국토환경보호성'과의 회담을 진행하는 등 환경법제 통합과 관련한 대북 협상 대책의 실질적 내용을 수립하는 역할을 담당할 필요가 있다.

통일부는 남북한 환경법제 통합 작업이 남북 관계 상황과 통일 추진 상황에 부합되는 방향에서 추진되도록 민간 차원의 사업 추진을 관리하는 한편, 남북한 당국 간 협의 과정에서 환경 분야 교류 협력과 법제 통합에 대한 협의가 조속히 이루어지도록 대북 협의를 추진하고, 환경부 및 법무부, 법제처와의 조율을 통해 회담 의제를 개발하고 협상 전략을 수립하는 업무를 수행해야 할 것으로 보인다.

V. 남북 환경 협력 발전을 위한 제언

이상과 같이, 유엔 SDGs를 고려한 남북한 환경법제 통합 방향에 관해 다양한 방안을 제시해 보았다. 앞서 강조한 것처럼, 남북한 환경법제 통합을 위해 북한의 비핵화에 따른 국제사회의 대북 제재 완화 속도에 맞추어 장기적 관점에서 단계별 접근을 통해 체계적으로 준비해야 한다. 다만 북한의 비핵화 이전인 현 단계에서도 세계적인 기후 변화 위기에 대응하기 위해 현실적으로 남북한 환경 협력이 필요하다는 점은 부인할 수 없는 사실이므로, 이를 법제도적으로 뒷받침하기 위한 남북한 환경 분야 교류 협력은 남북관계가 경색되어 있는 상황에서도 추진해야 하는 중요한 부분이다. 기후위기는 한반도를 생활 터전으로 하는 한민족 구성원 모두에게 생존권과 직결된 문제라는 점을 인식하며, 장기적 관점에서 남북한 환경법제 교류 협력을 위해 아래와 같은 방안을 강구할 필요가 있다.

첫째, 남북 환경법제 전문가들이 환경법제의 현황과 개선 방안을 논의할 수 있는 세미나 또는 포럼 등을 개최하여 서로의 다른 환경법제에 대한 이해를 넓히는 것과 동시에 남북한 공통의 환경 이슈를 주제로 상호 토의하고 협력하는 방안을 모색할 필요가 있다. 이와 같은 비정치적인 분야인 환경법제 교류 협력 및 법제 통합 사례는 다른 분야에도 영향을 미쳐 향후 남북관계가 개선될 경우 남북연합 단계, 통일 과정 단계에서 서로 이질적인 법제도를 통합하는 데 좋은 모델이 될 수 있다.

둘째, 남북한은 상호 이해관계가 일치하는 분야에 대한 환경 협력을 강화하고, 이에 필요한 환경법제를 공동으로 연구할 필요가 있다. 구체적으로, 남북한은 대기질과 수질 개선을 위해 오염원 관리와 수질 모니터링을 강화하는 방안, 생물다양성 보전을 위해 보호 지역을 지정하여 공동으로 환경보호 구역을 설정하여 보호하는 방안, 기후위기 대응을 위해 온실가스 배출량을 줄이고, 탄소배출권 거래를 제도화하여 이를 거래하는 방안, 신재생 에너지원을 공동으로 개발하여 서로 협력하는 방안 등을 검토해 볼 필요가 있다.

셋째, 남북한은 상호간의 환경 및 생태계 교육을 강화하여 환경에 대한 인식을 높이고, 국민들이 자발적으로 환경보호에 동참하도록 하기 위해 협력할 필요도 있다. 이처럼 남북한은 각 지역 주민들에게 환경 교육에 대한 정보를 제공하고 협력함으로써 환경에 대한 주민들의 인식을 높이고, 환경보전 의식을 함양할 수 있으며, 남북한이 하나의 생태공동체임을 자각하게 할 필요가 있다. 이를 위해 남북한은 각각의 환경 이슈에 대한 공동 대응을 위해 환경법제에 대한 공동 연구를 진행하거나, 남북한 전문가들로 구성된 환경법제 협력 네트워크를 구축하여, 환경법제에 관한 정보를 공유하고 협력 방안을 모색할 수 있다.

넷째, 남북한은 두 지역에의 환경 감시에 대한 정보를 교류하고 협력하기 위한 법제를 준비해야 한다. 남북한은 두 지역 모두 산악 지형이 많고 인구밀도가 높기 때문에 환경오염에 취약하며, 그동안 두 지역 모두 경제 발전 과정에서 환경을 소홀히 해 왔기 때문에 환경오염이 심각한 수준이라는 공통점이 있다. 이에 따라 남북한 환경 교류를 통해 접경 지역의 환경오염을 감시하고 예방할 필요가 있다. 특히 접경 지역에 최근 아프리카돼지열병(ASF), 고병원성 조류인플루엔자(AI), 구제역 등이 발생하여 비무장지대를 통해 다른 지역까지 전파되는 특징이 있었는 바, 이러한 전염병이 두 지역 농가에 피해를 입히지 않도록 환경 및 전염병 감시에 대한 정보를 교류하고 신속하게 협력할 수 있는 법제도를 준비해야 할 것이다. 이를 위해 '남북교류협력법'을 개정하여 "감염병 예방 등 남북한 주민의 생명, 신체의 안전을 위해 신속한 대응이 필요한 보건 의료 분야의 경우에는 대통령령이 정하는 바에 따라 반출·반입 또는 협력사업 승인 절차를 간소화할 수 있다"라는 규정을 신설하는 방안도 고려해 볼 만하다.

이러한 남북한 환경법제 교류와 협력은 한반도 생태공동체에서의 환경오염을 줄이고 상호 협력을 통해 남북 간의 지속가능한 발전이라는 목표를 달성할 수 있을 뿐만 아니라, 향후 남북한 환경법제 통합에도 이바지할 것으로 기대된다.

제5장

북한의 불법행위에 대한 손해배상 청구 시 법률 쟁점

I. 서론

　　　　　　대한민국은 2023년 6월 14일 북한 당국이 남북공동연락사무소를 폭파한 불법행위를 문제 삼아 대한민국 법원에 조선인민민주주의공화국을 피고로 하는 손해배상 청구 소송을 제기하였다. 통일부는 같은 날 보도자료를 통해 "북한의 남북공동연락사무소 폭파로 우리 측 남북공동연락사무소 청사와 인접한 (개성공단) 종합지원센터 건물에 발생한 국유재산 손해액 합계 447억 원에 대하여 북한을 상대로 손해배상을 청구하는 소장을 서울중앙지방법원에 제출했다"라고 밝혔다.[217] 2023년 6월 16일 기준으로 북한 당국이 남북공동연락사무소를 폭파한 지 3년이 되기 때문에, 대한민국 정부의 이러한 조치는 손해배상청구권의 소멸 시효를 중단하고 국가 채권을 보전하기 위한 것으로 이해된다.

　　또한 당시 통일부 권영세 장관은 2023년 4월 11일 장관 명의의 대북 성명을 통해 북한이 개성공단 내 대한민국 기업들의 설비를 무단으로 사용해 재산권을 침해하는 위법행위를 저질렀음을 규탄하면서 북한 당국에 대한 법적 대응을 시사하기도 하였다. 실제로 북한은 2016년 2월경 개성공단 전면 중단 조치를 취할 당시부터 남측을 배제하고 개성공단을 독자적으로 운영할 의사를 표명하였으며, 입주 기업의 공장 등 자산을 무단으로 사용한 데에 이어서, 2022년 9월경부터는 일련의 '자체 산업기지 전환' 조치를 취하였다. 북한의 개성공단 무단 가동 행위는 '남북 사이의 투자 보장에 관한 합의서'와 북한의 '개성공업지구법' 등을 위반한 것으로, 북한 당국의 이러한 위법행위에 책임을 묻기 위한 법적 대응이 필요하나, 현실적으로 현재 실효성 있는 국제법상의 구제 수단이 마땅치 않다는 한계가 있다.

특히 윤석열 정부에 들어서면서 대한민국 정부는 법과 상식에 기반한 남북 관계를 강조하였고, 그 일환으로 북한 당국의 불법행위에 대해서 손해배상 청구 등 추가적인 법적 조치 등을 예고하고 있다.

이에 이번 장에서는 대한민국 정부 또는 기업들이 대한민국 법원에 북한 당국을 상대로 하는 손해배상 청구 소송을 제기할 경우의 법적 쟁점에 대해 차례대로 살펴보고자 한다. 먼저 국제법 및 국제조약에 따른 분쟁 해결 절차를 통해 남북 간의 분쟁을 해결할 수 있는지 검토해 보고, 불가피하게 대한민국 법원에 소를 제기할 경우 1) 재판관할권, 2) 피고적격, 3) 청구 취지 및 청구 원인, 4) 소송 절차 등에 있어 각 법률적 쟁점을 살펴보겠다.

Ⅱ. 국제법 및 국제조약에 따른 분쟁해결절차 검토

1. 북한의 국제법상 지위 및 국내법과의 관계

대한민국 헌법은 "대한민국의 영토는 한반도와 그 부속도서"(제

3조)로 하면서도 "대한민국은 통일을 지향하며 자유민주적 기본질서에 입각한 평화적 통일 정책을 수립하고 이를 추진한다"(제4조)라고 규정하며, 남북한이 1991년에 채택한 남북기본합의서 전문 및 '남북관계 발전에 관한 법률' 제3조에서는 "남한과 북한의 관계는 국가 간의 관계가 아닌 통일을 지향하는 과정에서 잠정적으로 형성되는 특수 관계이다"라고 규정하고 있다. 이처럼 대한민국 헌법 및 법률의 해석상 북한은 '조국의 평화적 통일을 위한 대화와 협력의 동반자'이지만, 다른 한편 남·북한 관계의 변화에도 불구하고 여전히 적화통일 노선을 고수하면서 우리의 자유민주주의 체제를 전복하고자 획책하는 반국가단체로서의 성격도 가지고 있다.[218]

이에 따라 규범적으로는 대한민국의 헌법 및 법률 체계가 한반도 전역에 대하여 미치는 것으로 해석되나,[219] 실질적으로는 군사분계선 이북 지역에 대한민국 헌법 및 법률의 실효적인 적용이 제한되고 있다는 특수성이 있다. 또한, 북한은 유엔 회원국으로 가입하여 국제사회에서 국가로서 인정받고 있으나, 유엔이 국가로 승인하더라도 각 개별 국가들이 서로의 존재를 인정하거나 인정하지 않을 수 있는 바,[220] 대한민국은 헌법 및 법률 체계에서 북한의 국가성을 인정하지 않는다는 이중성이 있다.

한편, 국제사회에서 승인의 의사를 포함하지 않은 채 일상적이거나 긴급한 문제에 대한 공식 또는 비공식 접촉의 유지 또는 특정 문제에 관한 의사 교환 등은 묵시적 승인에 해당하지 않으며, 당사국이 오해를 피하기 위하여 일정한 외교적 행위가 묵시적 승인을 의미하지 않는다는 점을 명확히 밝히는 경우도 있다.[221]

따라서 국제사법재판소, 국제투자분쟁해결센터, 빈 협약 등 국제기구나 국제 조약을 활용하여 북한 당국의 행위에 대응하는 것은 대한민국이 국제법적으로 북한을 국가로서 승인하는지 여부와는 별개의 문제이며, 남북 관계의 특수한 성격에 관한 입장을 유지하면서도 이와 병행하여 국제법적으로 북한의 국가책임을 추궁하며(단, 북한을 국가로서 묵시적으로 승인하는 것이 아니라는 의사를 명시해야 할 것이다) 국제법적 조치를 취하는 것도 이론상 가능하다.

2. 북한의 국가책임 성립 여부

국가책임은 국가의 국제 의무 위반 행위로부터 성립하는 국제법상의 책임으로, 국제 의무는 조약,[222] 관습국제법, 국제법 질서에 적용될 수 있는 법의 일반 원칙 등이 모두 인정될 수 있다. 따라서 '남북 사이의 투자 보장에 관한 합의서' 등 남북합의서가 국제조약으로 해석된다면 북한 당국이 이를 위반하여 행한 불법행위에 대해서는 국가책임이 성립할 수 있으며, 그 밖에 국제법상의 강행규범 등 국제 의무 위반이나 외교적 보호권에 관한 국제법상의 근거를 들어 국가책임을 추궁할 수도 있다.

가. 남북합의서가 국제조약인지 여부[223]

남북한은 1971년부터 2022년까지 정치, 군사, 경제, 인도, 사회문화

분야에서 총 667차례 회담을 개최하였으며, 총 258건의 남북합의서를 채택하였다.[224]

그런데 남한 정부는 종래 '남북기본합의서'는 국제조약이 아니며 일종의 신사협정에 준하는 성격을 가진다는 입장을 유지하면서, 남북한 간 국가 승인의 효과를 피하고자 조약의 형태로 체결하지 않았다고 설명한 바 있다.[225] 이에 따라 헌법재판소[226]와 대법원[227]도 '남북기본합의서'의 조약성을 부인한 바 있다.

그러나 조약은 국가 간에만 체결되는 것은 아니기 때문에 남북한 사이의 조약 체결이 곧바로 남북한 간 국가 승인을 의미하는 것은 아니며,[228] 위에서 살펴본 바와 같이 명시적으로 국가 승인의 의도가 없음을 밝히고 외교적 행위를 하는 것도 가능하다.

또한, 2000년 제1차 남북정상회담을 기점으로 이후에 체결된 남북합의서는 국내법적 효력을 부여하기 위하여 헌법상 조약과 동일한 방식을 취하기로 방침을 정하였으며, 이에 따라 4건의 경협합의서(투자 보장, 이중 과세 방지, 상사 분쟁 해결, 청산 결제)를 국무회의 심의, 대통령 재가, 국회 동의 절차를 거쳐 2003년 8월 20일 발효하였다. 2002년부터 2004년 사이에 채택된 개성공업지구, 해운 등에 관한 9건의 경협합의서 역시 '조약 방식'을 통하여 2005년 8월 1일 발효하였다.

이처럼 적어도 '남북 사이의 투자 보장에 관한 합의서'는 명확히 법적 구속력이 있는 합의서로 의도하여 국내법상 조약과 동일한 절차에 따라 체결, 발효된 것이므로, '남북기본합의서'와 달리 신사 협정에 불과한 문서로 해석하기 어려운 측면이 있다.

즉, 국제법 주체들은 국내법적 주체들과 마찬가지로 양자간 또는 다자간 다양한 형태의 합의를 맺으며, 당사자 사이에 법적 구속력이 인정되는지를 기준으로 조약(treaties)과 비구속적 합의(non-binding agreement)로 구별된다. 명칭을 불문하고 국제법 주체들이 국제법적인 권리의무관계를 창출하고 이에 스스로 구속될 의사로 체결하는 문서는 국제법의 규율을 받는 조약에 해당한다. '조약법에 관한 비엔나협약' 제2조에 따르면 "'조약'이라 함은 단일의 문서에 또는 2 또는 그 이상의 관련 문서에 구현되고 있는가에 관계없이 또한 그 특정의 명칭에 관계없이, 서면 형식으로 국가 간에 체결되며 또한 국제법에 의하여 규율되는 국제적 합의"를 의미하며, "'당사국'이라 함은 조약에 대한 기속적 동의를 부여하였으며 또한 그에 대하여 그 조약이 발효하고 있는 국가를 의미한다."

그런데 '남북 사이의 투자 보장에 관한 합의서'는 남북한 사이에서 2000년 12월 16일 서명되어 2001년 1월 22일 남북전통문의 발신 및 회신을 통하여 동 합의서에 법적 효력을 부여하기로 합의하였다.[229] 그리고 이 합의서들의 국내 절차 진행 과정에서 정부는 국가 간에만 조약이 체결될 수 있는 것은 아니며, 각각의 합의서마다 전문에서 "경제 교류와 협력이 나라와 나라 사이가 아닌 민족 내부의 거래임을 확인"하여 국가 승인이 아님을 명시하였다. 당시 법제처는 4건의 경협 합의서와 이후에 채택된 9건의 경협 합의서 모두 대한민국 헌법 제60조 제1항의 '입법사항에 관한 조약'에 해당한다고 판단하였고, 이에 따라 정부는 대한민국 헌법 제60조 제1항의 규정에 의한 동의절차를 이행하였다. 다만, 대한민국 정부는 조약과 남북 합의서를 구분하기 위하여 통일부와 외교통상부 공동으로 합의서안을 국무회의에 상정하였고, 관보에 게재할 때에도 '조약'이 아닌 '기타'로 분류하였다. 그리고 '남북 사이의 합의서'라는 별도의 번호 체계를 마련하여 제1호부터 제13호의 번호를 부여하였다.

이처럼 '남북 사이의 투자 보장에 관한 합의서'는 국내법적으로 남북합의서로 별도로 분류하고 있으나 그 법적 성질상 '조약법에 관한 빈 협약'이 적용되는 '조약'으로 해석하기에 충분하며, 위 협약 제26조는 "유효한 모든 조약은 그 당사국을 구속하며 또한 당사국에 의하여 성실하게 이행되어야 한다"라고 규정하므로, '남북 사이의 투자 보장에 관한 합의서'를 위반한 북한 당국의 행위에 대해서는 국가책임이 성립할 수 있다.

나. 국제법상의 강행규범 위반 여부

한편, 국제법상의 강행규범과 국제 공동체 전체에 대한 의무라는 개념은 국가책임의 발생 근거가 될 수 있다. 즉, 국제 공동체 전체의 이익을 침해하는 국제법상 강행규범 위반 행위에 대해서는 개별 국가가 위반에 영향을 받는지 여부와 관계 없이 집단적 불승인에 협력할 의무를 부담하게 된다.

예를 들어, 이스라엘이 동예루살렘을 포함한 팔레스타인 점령지에 이스라엘 지역과 팔레스타인 지역을 나누는 장벽을 건설하자 유엔 총회는 국제사법재판소(ICJ)에 법적 의미에 관한 권고적 의견을 요청하였다. 이에 ICJ는 이스라엘의 행위가 대세적 의무 위반(즉, 강행

규범 위반)이라고 판단하며, 모든 국가는 그 결과를 승인하지 말아야 하고 이에 대해 지원하지 않을 의무가 있다고 판단했다.[230]

다만, 북한 당국의 불법행위가 국제법상의 강행규범 위반에 이르는지에 관하여는 케이스 별로 추가적인 논거가 필요하다. 국제 강행규범의 사례로 일반적으로 인정되는 것은 무력 사용 금지 원칙, 집단 학살 금지, 인종차별 금지, 고문 금지 등이 있다.

다. 빈 협약에 따른 외교적 보호권 행사 방안

국제 위법행위로 인하여 자국민이 외국에서 피해를 입은 경우, 국적국이 외교적 행위나 기타 평화적 해결 수단을 통해 가해국의 책임을 추궁하는 제도를 외교적 보호(diplomatic protection)라고 하는 바, 북한 당국의 위법행위로 인하여 남한 국민이 피해를 입었음을 이유로 외교적 보호권에 근거하여 국가책임을 추궁할 수 있다. 즉, 북한이 국가 대 국가의 관계에서 남한에 국제 위법행위를 한 것이 아니라 단지 남한 국적의 국민에게 국제 위법행위를 한 것이더라도, 외교적 보호권에 근거하여 남한이 국가로서 북한에 국가책임을 추궁할 수 있다.

다만, 현지 구제 수단 완료의 원칙[231]에 따르면, 만일 피해자가 가해국 현지의 이용가능한 실효성 있는 구제 수단을 다 밟지 않으면, 그의 국적 국가는 외교적 보호권을 행사할 수 없다. 북한 당국에 의한 불법행위의 경우에는 북한 현지의 이용가능한 실효성 있는 구제 수단이 존재한다고 보기 어려우므로, 현지 구제 수단 완료의 원칙은 문제 되지 않을 것이다.

3. 유엔국제사법재판소(ICJ) 제소 방안

'남북 사이의 투자 보장에 관한 합의서' 위반, 강행규범 위반, 외교적 보호권의 성립 등을 이유로 북한에게 국제의무 위반행위가 인정되는 경우, 피해국에게는 유책국에게 국가책임을 추궁할 실체적인 국제법상 권리가 인정될 수 있다. 따라서 국가 대 국가의 관계에서 국가책임의 성립을 인정받기 위하여 유엔 산하 상설기구인 국제사법재판소(ICJ)에 제소하는 방안을 고려할 수 있다. 유엔 회원국은 모두 당연히 국제사법재판소 규정의 당사국이 되므로, 북한도 원칙적으로 국제사법재판소 규정의 당사국이라는 장점이 있다.

그런데 국제사법재판소 규정 당사국이라 하여 ICJ의 재판관할권에 무조건 복종해야 하는 것은 아니다. ICJ의 관할권 성립에는 어떠한 형태로든 주권 국가의 별도의 동의가 있어야 하는데, 예를 들어 기왕에 발생한 분쟁을 당사국들이 ICJ의 재판에 회부하기로 합의하는 특별 협정을 체결하는 방식, 당사국 사이에 체결된 조약에서 분쟁을 ICJ에 회부하기로 미리 규정해 놓는 방식, ICJ의 당사국이 국제사법재판소(ICJ) 규정 제36조 제2항[232])에 따라 재판소의 관할권을 미리 수락해 놓는 방식 등이 가능하다.

그러나 북한이 ICJ 재판 회부에 동의하는 특별 협정을 체결할 가능성은 낮고, '남북 사이의 투자 보장에 관한 합의서' 등에서 이에 관하여 규정한 사실이 없으며, 북한이 ICJ 규정 제36조 제2항에 따른 사전 수락을 한 사실도 없으므로, 실질적으로 북한과의 분쟁이 ICJ 재판에 회부될 가능성은 낮다. 당사국에 의한 일방적 제소도 절차상 가능은 하나, 그 경우 관할권 성립의 근거를 제시해야 하므로 북한과의 분쟁에 대한 관할권이 인정될 근거는 찾기 어렵다.

나아가, ICJ의 판결이 내려지더라도 ICJ에는 집행기관이 존재하지 않으므로 당사국이 자발적으로 판결을 이행할 의무를 부담한다. 이를 이행하지 않을 경우 유엔 안전보장이사회에 회부하여 조치를 기대할 수도 있으나(유엔 헌장 94조), 현재까지 안보리가 ICJ 판결의 이행을 강제하기 위한 결의를 채택한 사례는 없는 것으로 파악된다. 따라서 유엔국제사법재판소(ICJ) 제소 방안은 현재로서는 실효성이 있다고 보기 어렵다.

4. 국제투자분쟁해결센터(ICSID)의 제소 방안

국제투자분쟁해결센터(ICSID)는 국가와 타방 국가의 국민 간의 투자 분쟁 해결에 관하여 가장 일반적으로 활용된다. '남북 사이의 상사 분쟁 해결 절차에 관한 합의서' 제10조 제4항에서도 남북상사중재위원회를 통해서 중재위원회가 구성되지 못할 경우 의장 중재인의 선정과 관련해서 '국제투자분쟁해결센터'(ICSID)에 요청하도록 정하여, 북한도 ICSID의 권위를 일부 인정하고는 있는 것으로 이해된다.

그러나 ICSID의 관할권도 분쟁 당사자가 ICSID에 회부할 것을 서면상으로 동의한 분쟁으로써 협약의 일방체약국과 타방체약국 국민 간의 투자로부터 직접적으로 발생하는 분쟁에 미치는 것이다. ICSID의 관할이 체약국과 다른 체약국 국민 간의 투자에서 직접적으로 발생한 법률상의 분쟁에만 국한된다고 함은 협약 제25조 제1항에 명시되어 있다.

그러므로 분쟁당사자 중 하나가 협약의 비체약국이거나 비체약국의 국민인 경우 즉, '체약국의 국민 대 비체약국 간의 분쟁' 또는 '체약국 대 비체약국 국민 간의 분쟁'에는 협약이 적용되지 않는다. 따라서 남북합의서에서 직접 ICSID의 회부를 규정하고 있거나 남한과 북한 모두 ICSID의 체약국인 경우에만 체약국과 상대방 국민 사이에서 관할권이 인정될 수 있다. 현재로서는 북한이 ICSID 협약에 가입하지 않았고, ICSID에 의한 중재 절차에 동의할 가능성도 없는 이상 ICSID를 활용하기는 어려워 보인다.

5. 소결

이상과 같이, 일반적인 국제법 및 국제조약 질서에 근거하여 북한의 국가책임을 추궁하는 방법을 고려해 볼 수도 있으나, 실체적으로 손해배상을 주장할 수 있는 국제법적 근거가 있는지와 관계없이 그러한 권리를 강제할 수 있는 분쟁 해결 절차 및 그 수단은 마땅치 않다. 남북합의서 및 북한 법령 조항에서 예정하는 분쟁 해결 절차는 사실상 실효성 있는 해결을 기대하기 불가능한 상황이고, 일반적인 국제법 및 국제조약 질서에 근거한 국가책임의 추궁도 실효성이 없는 이상, 대한민국에 현존하는 일방 당사자의 권리를 구제할 다른 방법을 모색할 필요가 있다.

공평과 정의의 원칙이나 후술하는 국제재판 관할 배분의 이념에 비추어도 대한민국 법원을 통한 권리 구제를 시도하는 것은 정당하다 할 것이므로, 이하에서 이 부분에 대해 구체적으로 살펴보겠다.

Ⅲ. 대한민국 법원에 소송제기 시 법적 쟁점

1. 재판관할권

가. 국제재판관할권 판단 기준

대한민국 법원에서의 사법 절차를 통하여 북한 당국의 불법행위에 대한 손해배상 청구를 진행하기 위해서는 우선 대한민국 법원에 재판관할권이 인정되어야 한다. 외국적 요소를 가진 사건에 관하여 어느 나라의 법원이 재판권을 행사할 것인가를 국제재판관할권의 문제[233]라고 하는 바, 어느 국가의 법원에 국제재판관할권이 인정되면 해당 법원은 해당 국가의 소송법을 적용하여 사건을 처리하게 된다.

대한민국의 경우 국제사법 제2조[234]에서 국제재판관할권의 판단 기준에 관한 원칙적 규정을 두고 있으며, "대한민국에 일상거소 (habitual residence)가 있는 사람에 대한 소(訴)"(제3조 제1항), "주된 사무소·영업소 또는 정관상의 본거지나 경영의 중심지가 대한민국에 있는 법인 또는 단체와 대한민국 법에 따라 설립된 법인 또는 단체에 대한 소"(제3조 제3항), "대한민국에 사무소·영업소가 있는 사람·법인 또는 단체에 대한 대한민국에 있는 사무소 또는 영업소의 업무와 관련된 소"(제4조 제1항), "대한민국에서 또는 대한민국을 향하여 계속적이고 조직적인 사업 또는 영업 활동을 하는 사람·법인 또는 단체에 대하여 그 사업 또는 영업 활동과 관련이 있는 소"(제4조 제2항), "청구의 목적 또는 담보의 목적인 재산이 대한민국에 있는 경우"(제5조 제1호), "압류할 수 있는 피고의 재산이 대한민국에 있는 경우. 다만, 분쟁이 된 사안이 대한민국과 아무런 관련이 없거나 근소한 관련만 있는 경우 또는 그 재산의 가액이 현저하게 적은 경우는 제외한다"(제5조 제2항) 등의 규정을 두고 있다.

위 규정에도 불구하고 "이 법이나 그 밖의 대한민국 법령 또는 조약에 국제재판관할에 관한 규정이 없는 경우 법원은 국내법의 관할 규정을 참작하여 국제재판관할권의 유무를 판단하되, 제1항의 취지에 비추어 국제재판관할의 특수성을 충분히 고려하여야 한다."(제2조 제2항), "이 법에 따라 법원에 국제재판관할이 있는 경우에도 법원이 국제재판관할권을 행사하기에 부적절하고 국제재판관할이 있는 외국 법원이 분쟁을 해결하기에 더 적절하다는 예외적인 사정이 명백히 존재할 때에는 피고의 신청에 의하여 법원은 본안에 관한 최초의 변론기일 또는 변론준비기일까지 소송절차를 결정으로 중지하거나 소를 각하할 수 있다"(제12조 제1항)고 규정하는 등 구체적인 국제재판관할의 결정에는 국제재판관할 배분의 이념이 충분히 고려되도록 하고 있다.

나. 국제재판관할 배분의 이념

대법원은 국제사법 제2조 제1항에 따른 국제재판관할권을 판단하는 '실질적 관련성'이라는 기준과 관련하여 "'실질적 관련'은 대한민국 법원이 재판관할권을 행사하는 것을 정당화할 정도로 당사자 또는 분쟁이 된 사안과 관련성이 있는 것을 뜻한다. 이를 판단할 때에는 당사자의 공평, 재판의 적정, 신속과 경제 등 국제재판관할 배분의 이념에 부합하는 합리적인 원칙에 따라야 한다. 구체적으로는 당사자의 공평, 편의, 예측가능성과 같은 개인적인 이익뿐만 아니라, 재판의 적정, 신속, 효율, 판결의 실효성과 같은 법원이나 국가의 이익도 함께 고려하여야 한다. 이처럼 다양한 국제재판관할의 이익 중 어떠한 이익을 보호할 필요가 있는지는 개별 사건에서 실질적 관련성 유무를 합리적으로 판단하여 결정하여야 한다"[235]고 판시하고 있다.

다만, 대법원은 "관할 규정은 국내적 관점에서 마련된 재판적에 관한 규정이므로 국제재판관할권을 판단할 때에는 국제재판관할의 특수성을 고려하여 국제재판관할 배분의 이념에 부합하도록 수정하여 적용해야 하는 경우도 있다"라고 하면서, "국제재판관할에서 특별관할을 고려하는 것은 분쟁이 된 사안과 실질적 관련이 있는 국가의 관할권을 인정하기 위한 것이다. 가령 민사소송법 제11조에서 재산이 있는 곳의 특별재판적을 인정하는 것과 같이, 원고가 소를 제기할 당시 피고의 재산이 대한민국에 있는 경우 대한민국 법원에 피고를 상대로 소를 제기하여 승소판결을 얻으면 바로 집행하여 재판의 실효를 거둘 수 있으므로, 당사자의 권리 구제나 판결의 실효성 측면에서 대한민국 법원의 국제재판관할권을 인정할 수 있는 것이다", "예측가능성은 피고와 법정지 사이에 상당한 관련이 있어서 법정지 법원에 소가 제기되는 것에 대하여 합리적으로 예견할 수 있었는지를 기준으로 판단해야 한다. 만일 법인인 피고가 대한민국에 주된 사무소나 영업소를 두고 영업 활동을 할 때에는 대한민국 법원에 피고를 상대로 재산에 관한 소가 제기되리라는 점을 쉽게 예측할 수 있다", "국제재판관할권은 배타적인 것이 아니라 병존할 수도 있다. 지리, 언어, 통신의 편의, 법률의 적용과 해석 등의 측면에서 다른 나라 법원이 대한민국 법원보다 더 편리하다는 것만으로 대한민국 법원의 재판관할권을 쉽게 부정해서는 안 된다"라고 판시한 바 있다.

실제로 대법원은 개성공업지구 현지 기업[236] 사이의 민사분쟁에 대해서 대한민국 법원의 재판관할권을 폭넓게 인정하여 "개성공업지구 현지 기업 사이의 민사분쟁은 우리 헌법이 규정하고 있는 자유시장경제질서에 기초한 경제 활동을 영위하다가 발생하는 것이라는 점 등까지 고려하면, 대한민국 법원은 개성공업지구 현지 기업 사이의 민사분쟁에 대하여 당연히 재판관할권을 가진다고 할 것이고, 이는 소송의 목적물이 개성공업지구 내에 있는 건물 등이라고 하여

달리 볼 것이 아니다"[237]라고 판시한 바 있다.[238]

다. 북한에 대한 주권면제론 적용 검토

북한 당국의 불법행위의 경우 국제관습법에 의하여 인정되는 주권면제론이 적용될 가능성이 있다.

주권면제론(sovereign immunity 또는 state immunity)은 주권국가가 외국 법정에 스스로 제소하거나 자발적으로 응소하지 않는 한 외국 법원의 관할권으로부터 면제를 향유한다는 것으로, 19세기 이래 각국 법원의 판례를 바탕으로 국제관습법 형태로 발전하였다.[239] 대한민국은 아직 국내법의 제정 없이 국제관습법의 형태로만 주권면제론을 수용하고 있으나, 외국에서는 1972년 채택된 '국가 면제에 대한 유럽 협약'이나 미국의 1976년 '외국주권면제법'(Foreign Sovereign Immunity Act), 영국의 1978년 '국가면제법'(State Immunity Act)[240] 등 성문화 작업도 활발하다.

대한민국 대법원도 "국가는 국제관례상 외국의 재판권에 복종하지 않게 되어 있으므로 특히 조약에 의하여 예외로 된 경우나 스스로 외교상의 특권을 포기하는 경우를 제외하고는 외국 국가를 피고로 하여 대한민국이 재판권을 행사할 수 없는 것이니 일본국을 상대로 한 소장을 송달할 수 없는 경우에 해당한다고 하여 소장각하명령을 한 것은 정당하다"[241]고 판단하여 주권면제론을 국제관습법으로 인정한 바 있다.

위에서 살펴본 바와 같이, 대한민국 헌법 및 법률 체계에서는 북한을 국가로 승인하지 않으나, 국제법적으로는 유엔 회원국으로 가입하고 다수의 국가들로부터 승인을 받는 등 국가로서의 지위를 누리고 있다. 따라서 국제관습법에 따라 인정되는 주권면제론이 북한에 대해서도 적용될 수 있는지는 문제가 될 수 있다.[242]

그런데 주권면제론은 19세기 말부터 외국의 주권적 활동과 구별되는 사법적 활동에 대해서는 주권면제를 부인하는 '제한적 주권면제론'(restrictive sovereign immunity)으로 발전하여 오늘날 다수의 국가는 제한적 주권면제론에 입각한 사법 운영을 하는 것으로 평가된다.[243] 대한민국 대법원도 "국제관습법에 의하면 국가의 주권적 행위는 다른 국가의 재판권으로부터 면제되는 것이 원칙이라 할 것이나, 국가의 사법적(私法的) 행위까지 다른 국가의 재판권으로부터 면제된다는 것이 오늘날의 국제법이나 국제관례라고 할 수 없다", "우리 나라의 영토 내에서 행하여진 외국의 사법적 행위가 주권적 활동에 속하는 것이거나 이와 밀접한 관련이 있어서 이에 대한 재판권의 행사가 외국의 주권적 활동에 대한 부당한 간섭이 될 우려가 있다는 등의 특별한 사정이 없는 한, 외국의 사법적(私法的) 행위에 대하여는 당해 국가를 피고로 하여 우리 나라의 법원이 재판권을 행사할 수 있다"[244]라고 판시하여 제한적 주권면제론을 채택하였다.

'남북 사이의 투자 보장에 관한 합의서'에 따라 이루어진 남측 '투자자'의 '투자 자산'에 대해 북한 당국이 불법행위를 할 경우 그 성격상 사법적(私法的) 행위로 해석될 가능성이 높고, 이에 대한 재판권 행사가 북한의 주권적 활동에 대한 부당한 간섭이 될 우려가 있다는 등의 특별한 사정이 확인된 바도 없으므로, 대한민국 대법원이 취하는 제한적 주권면제론에 따르면 북한에 대한 주권 면제가 인정되지 않을 가능성이 높다.

특히, 제한적 주권면제론에 따른 주권 면제의 범위와 관련하여 유엔 주권면제협약(United Nations Convention on Jurisdictional Immunities of States and Their Property)은 국제사회의 호응이 저조하여[245] 아직 발효에 이르지 못하였으나, 범세계적 적용을 목적으로 합의된 유일한 국제문서이므로 참고할 수 있다. 유엔 주권면제협약 제12조에서 '불법행위로 인한 신체나 유형적 재산피해에 관해 금전적 보상을 주장하는 소송'에 대해서는 주권 면제의 적용이 배제된다고 하므로, 이에 비추어 보더라도 북한 당국의 불법행위에 대한 금전적 보상을 주장하는 소송은 주권면제론이 적용되지 않는다고 해석되어야 할 것이다.

라. 중재 합의 위반 여부 검토

한편, '남북 사이의 상사 분쟁 해결 절차에 관한 합의서', '남북상사중재위원회 구성·운영에 관한 합의서', '개성공단에서의 남북상사중재위원회 구성·운영에 관한 합의서' 등에서 남북상사중재위원회에서의 중재를 원칙적인 분쟁 해결 방법으로 명시하고 있으므로, 이러한 중재 합의에 의하여 대한민국 법원의 관할권이 배제되는지도 문제될 수 있다.

대한민국 중재법 제9조 제1항 본문은 "중재 합의의 대상인 분쟁에 관하여 소가 제기된 경우에 피고가 중재 합의가 있다는 항변(抗

辯)을 하였을 때에는 법원은 그 소를 각하(却下)하여야 한다"라고 규정하고, 제2항에서 "피고는 제1항의 항변을 본안(本案)에 관한 최초의 변론을 할 때까지 하여야 한다"라고 규정한다. 즉, 상대방이 최초의 변론 시에 소송상 '중재 합의 항변'을 주장으로 제출하여야 판단의 대상이 되는 '항변'이지 법원의 직권조사 사항이 아니므로, 각 남북합의서에서 중재를 원칙적 분쟁 해결 방법으로 정하고 있더라도 상대방이 중재 합의 항변을 하지 않는 이상 그 자체로 대한민국 법원의 재판관할권이 배제되지는 않는다.

또한, 중재법 제9조 제1항 단서에서는 "다만, 중재합의가 없거나 무효이거나 효력을 상실하였거나 그 이행이 불가능한 경우에는 그러하지 아니하다"라고 정하고 있는 바 위에서 살펴본 바와 같이 현행 각 남북합의서의 규정상 남북 양측 중 어느 쪽 당국 및 상사중재위원회가 협력하지 않을 경우 중재인 선정 및 중재판정부 구성에 이르는 것이 사실상 불가능한 상황이다.

따라서 북한 당국의 불법행위에 대해 대한민국 법원에 소송을 제기하는 것을 '남북 사이의 투자 보장에 관한 합의서' 제7조 등을 이유로 제한하기는 어려운 것으로 판단된다.

마. 토지 관할(재판적)

북한 당국의 불법행위로 인해 피해를 입은 국민이 대한민국 법원에서 북한 당국 등을 상대로 소송을 제기하려는 경우, 대한민국 법원 중 구체적으로 어느 법원에 제기해야 하는지 문제 될 수 있다.

원칙적으로 소는 피고의 보통재판적이 있는 곳의 법원이 관할하고(민사소송법 제2조 보통재판적), 불법행위에 관한 소를 제기하는 경우에는 행위지의 법원에도 제기할 수 있는데(민사소송법 제18조 불법행위지의 특별재판적), 북한 당국에 의한 불법행위의 경우 대부분 보통재판적과 특별재판적이 모두 북한 지역에 소재할 가능성이 높다.

남한 정부는 원칙적으로 1945년 8월 15일 대한민국 행정구역상의 도(道)로서 아직 수복되지 않은 황해도, 평안남도, 함경북도를 포함한 이북 5도와 경기도와 강원도의 미수복 시·군을 관할하는 대한민국 행정안전부 산하의 정부기관으로 '이북5도위원회'를 두고 있다. 그러나 법원의 관할에 관하여 규정하는 '각급 법원의 설치와 관할구역에 관한 법률' 제4조 별표 3에서는 이북 5도에 대한 법원 관할에 관하여 아무런 정함이 없다. 이는 원칙적으로 남한의 영토를 한반도 전역으로 보아 이북 5도를 미수복 영토로 규율하려는 대한민국 헌법 및 법률 체계에는 부합하지 않는 입법례로 보인다.

민사소송규칙 제6조에서는 민사소송법 제3조 내지 제6조의 규정에 따라 보통재판적을 정할 수 없는 때에 대법원 소재지를 보통재판적으로 한다고 규정하므로, 현행 법령에 따르면 위 규정에 따라 서울중앙지방법원에 보통재판적과 불법행위지의 특별재판적이 모두 인정된다고 보아야 한다.

한편, 재산권에 관한 소를 제기하는 경우에는 거소지 또는 의무이행지도 특별재판적으로 인정되는데(민사소송법 제8조), 불법행위에 따른 손해배상은 금전 채무로서 다른 특별한 약정이 없는 한 채권자의 주소지에서 변제해야 하므로(민법 제467조 제2항), 채권자의 주소지

에도 특별재판적이 인정될 수 있을 것이다.[246]

참고로, 웜비어 판례에서 미국 연방법원은, 국제법상 주권면제원칙에 따라 한 국가의 재판권 행사라는 국가 작용은 다른 국가 자체를 그 대상으로 하지 못하는 것이 원칙이나, 미국 연방법원은 자국 법령인 U.S. Code §1605의 테러 예외 조항에 따라 북한에 사물 관할이 인정된다고 보았다. 즉 북한은 "당해 외국 정부가 테러지원국으로 지정, 원고 또는 피해자가 미국 국적을 보유, 원고가 당국에 중재에 응할 합리적 기회를 제공, 당해 청구가 고문, 인질 억류, 사법 절차에 의하지 않은 살인 등으로 발생한 상해 또는 사망을 원인으로 한 금전 배상 청구에 해당한다"라는 이유로 북한의 경우 주권 면제를 행사할 수 없으며 미국 연방법원에 사물 관할이 인정된다고 보았다.[247]

일본 역시 북한의 재일교포 및 일본인을 상대로 한 불법행위에 대하여 일본 재판부에 관할권이 있다고 판단한 사례가 있다. 즉 재일교포 북송사업의 피해자들이 북한 당국을 피고로 제기한 최초의 손해배상 소송에서, 1심인 도쿄지방재판소는 북한의 행위를 '북한으로의 이주 권유'와 '북한 내 유치 행위'로 나눈 후, 북한의 이주 권유 행위에 대한 손해배상 청구권의 재판관할권은 일본에 있지만 20년의 제척 기간이 지나 청구권이 이미 소멸한 반면, 북한 내 유치 행위는 일본 재판소가 관할권을 갖지 않는다고 판단하였다. 이에 원고들이 항소하자 2023년 10월 30일 일본 도쿄고등재판소(고등법원)는 원심을 깨고, 북한의 행위는 전체를 하나의 계속된 불법행위로 봐야하며 이 일체의 불법행위에 대한 재판 관할권은 일본의 재판소에 있다고 판결하였다.

바. 소결

이상과 같이, 북한 당국의 불법행위에 대해서는 대한민국 법원에서 국제재판관할권을 인정받아 소송을 진행하는 것이 가능할 것이다.

그런데 특정한 행위에 관한 법적 평가는 준거법(governing law) 또는 법적 관할권(jurisdiction)에 따라 달라질 수 있는 것으로, 북한 당국의 행위에 대한 법적 평가도 특정한 준거법 또는 법적 관할권을 전제하여 판단해야 한다. 대한민국 법원에서 소송을 진행하는 경우에는 북한을 국가로 인정하지 않는 대한민국 헌법 및 법률 체계에 따라 판단할 수밖에 없으므로, 아래에서 검토하는 대한민국 법원에서의 소송상 당사자나 청구원인 등 제반 절차는 원칙적으로 북한이 제정한 법령 또는 국제법상의 규정이 아닌 대한민국 법령의 적용을 전제로 검토해야 할 것이다.

2. 북한 당국의 당사자 능력 인정 여부

대한민국 법원에서 손해배상 청구 소송을 진행할 경우, '이행의 소'에 있어서는 자기에게 이행(급부)청구권이 있음을 주장하는 자가 '원고적격'을 가지고, 그로부터 이행의무자로 주장된 자가 '피고적격'을 가지므로, 주장 자체가 법적으로 성립할 수 없는 경우가 아니라면 원칙적으로 원고적격은 문제 되지 않는다. 다만, 원고적격과 마찬가지로 이행의 소에 있어서 피고적격은 원고로부터 이행의무자로 주장된 자에게 주장 자체로 인정되는 것이므로 피고적격의 흠결을 이유로 소가 각하되지는 않으나, 그러한 경우에도 피고로 주장된 자에게 소송상 당사자 능력이 인정되지 않는다면 소가 각하될 수 있다.

문제는 북한 당국의 불법행위에 대하여 대한민국 법원에 소송을 제기할 경우 북한 당국이 당사자 능력이 있는지 여부이다. 이와 관련하여 서울중앙지방법원은 이미 3건의 제1심 판결을 통하여 북한의 당사자 능력을 인정하였다.[248] 당사자 능력의 존부는 소송요건으로서 법원의 직권조사사항이므로 상대방의 항변이 없더라도 법원이 이를 판단해야 하는 바, 특히 서울중앙지방법원 2022년 8월 23일 선고 2020가단5256869 판결은 "대한민국 헌법 및 법률을 체계적으로 해석할 경우, 피고 조선민주주의인민공화국(약칭 '북한')은 자체 헌법과 지휘 통솔 체계 및 단체적 조직을 갖추고 국가를 표방하고 있지만, 국가로 인정되지 아니하고 정부를 참칭하며 우리 대한민국 자유민주체제의 전복을 기도하고 있는 반국가단체에 해당한다(대법원 2008. 4. 17. 선고 2003도758 전원합의체 판결, 대법원 2010. 12. 9. 선고 2007도10121 판결, 헌법재판소 1993. 7. 29. 선고 92헌바48 결정, 헌법재판소 2015. 4. 30. 선고 2012헌바95 결정 등). 따라서 대한민국 헌법 및 국내법상 반국가단체인 북한은 민사소송법 제52조에서 정한 비법인 사단으로서 당사자 능력이 인정되고, 이 사건 불법행위에 대하여 국내법원에 재판권이 있다"라고 하며 명시적으로 북한의 법적 지위를 '비법인사단'으로 해석하였다. 다른 판결의 경우에도 비록 명시적인 판단은 하지 않았으나, 법원의 직권조사사항인 당사자능력에 관하여 이를 부인하는 판단을 하지 않았으므로 동일한 취지에서 북한의 당사자 능력을 인정한 것으로 사료된다.

한편, 예외적으로 서울동부지방법원 2022년 1월 14일 선고 2020가단154367 판결의 경우에는 북한을 비법인사단으로 볼 수 없다고 판단한 적이 있다. 다만, 북한은 위 사건의 직접적인 피고는 아니었으며, 위 법원은 소송상 쟁점인 피압류채권의 존재 여부를 판단하면서 간접적으로 조선민주주의인민공화국의 비법인사단성을 부인하는 판단을 한 것이다. 그러나 위 판결의 항소심인 서울고등법원 2023년 4월 27일 선고 2022나2032864 판결은 제1심과 달리 북한의 비법인사단성 인정 여부를 직접 판단하지 아니하고, 피압류채권이 존재하지 않는다는 점만 판단하여 원고의 항소를 기각하였다.[249]

참고로 서울동부지방법원 2022년 1월 14일 선고 2020가단154367 판결은 북한을 비법인사단으로 인정하지 않는 근거로 1) 사회주의헌법, 북한민법 등 규정 형식 면에서 비법인사단이라고 보기 어렵고 비법인사단의 설립 행위가 존재한다고 보기 어려우며, 2) 북한 사회주의헌법 등에는 자산에 관한 규정, 사원 자격의 득실에 관한 규정이 없고, 3) 대표자인 국무위원회 위원장에게 대표권을 인정할 근거가 없고, 4) 최고인민회의를 사원총회라고 볼 수 없고 사원들의 의사결정을 할 수 있는 총회 유시의 기구가 설치되어 있지 않으며, 5) 헌법 개정 절차에 관한 조문이 없고, 6) 구성원의 자유로운 의사에 따른 가입·탈퇴 방법이 없으며, 7) 해산 사유가 없고, 사원총회의 결의로 해산할 수 없는 점을 들고 있다.

그러나 위와 같은 서울동부지방법원 판결의 논거가 조선민주주의인민공화국의 당사자 능력을 부인하기에 충분한지는 의문의 여지가 있다. 대법원은 민사소송법 제52조에 따른 비법인의 당사자 능력을 인정하는 요건으로 "일정한 목적을 위하여 조직된 다수인의 결합체로서 대외적으로 사단을 대표할 기관에 관한 정함이 있는 단체"이면 족하다고 하고(97다18547 판결), 위 서울동부지방법원 판시와 같이 민법상 사단법인에 준하여 자유로운 가입, 탈퇴, 해산 사유 등 모든 요건을 갖출 것을 요구하지 않는다.

일례로, 판례가 인정하는 대표적인 비법인사단인 종중의 경우에 공동 선조와 성과 본을 같이 하는 후손은 당연히 그 종중의 구성원이 된다고 하여 자유로운 가입, 탈퇴가 정관에 규정되어 있지 않고 별다른 해산 사유가 없더라도 비법인사단성을 인정한다. 조선민주주의인민공화국의 정부수립일(1948. 9. 9)이 역사적으로 존재함에도 사단으로서의 설립 행위가 없다고 해석한 견해도 근거가 충분하다고 보기 어려우며, 비법인사단의 의사 결정이 사원 총회에 의하지 않는다고 하여 비법인사단성을 부인하는 것도 부당한 면이 있다. 예컨대, 북한에도 형식상 선거제도는 존재하므로 투표를 통한 결의가 존재한다고도 해석할 수 있다 할 것이다.

따라서 북한의 비법인사단성을 부인한 예외적인 서울동부지방법원 판결의 견해를 일반적인 해석으로 받아들이기는 어렵고, 3건의 제1심 판결이 축적된 서울중앙지방법원의 태도와 같이 북한을 비법인사단으로 해석하여 당사자 능력이 있다고 인정받을 가능성이 더 높을 것으로 사료된다.

3. 소송절차와 관련된 법적 쟁점

가. 소 제기의 효과

소를 제기하면, 원칙적으로 소송물로서 주장된 권리관계에 관하여 시효 중단의 효력이 발생한다. 시효 중단 효과는 소를 제기한 때, 즉 소장을 제출한 때에 발생하므로(민사소송법 제265조), 소장이 상대방에게 송달되지 않더라도 시효 중단의 효과가 발생한다.

이러한 소의 제기에 의한 시효 중단의 효과는 소의 취하, 소의 각하 또는 청구의 기각에 의하여 소급하여 소멸하며(민사소송법 제170조 제1항), 재판이 확정될 때까지 지속되어 재판이 확정되면 그때부터 새로이 시효 기간이 진행된다(민법 제178조 제2항, 민사소송법 제165조).

다만, 명시적 일부 청구의 경우에는 나머지 부분에 대한 시효 중단의 효력이 없으며, 나머지 부분에 관하여는 소를 제기하거나 그 청구를 확장(청구의 변경)하는 서면을 법원에 제출한 때에 비로소 시효 중단의 효력이 생긴다는 점에 유의할 필요가 있다.

나. 소장 부본의 송달

법원은 소장이 접수되면 특별한 사정이 없는 한 바로 피고에게 소장 등의 부본을 송달해야 한다(민사소송법 제255조 제1항, 민사소송규칙 제64조 제1항). 북한 당국에게 소장 부본을 현실적으로 송달하기 곤란할 경우 공시송달의 요건을 갖추어 공시송달을 할 수 있을 것이다.

실제로 북한을 피고로 하여 진행된 3건의 선행 서울중앙지방법원 사건(서울중앙지방법원 2020. 7. 7. 선고 2016가단5235506 판결, 서울중앙지방법원 2022. 8. 23. 선고 2020가단5256869 판결, 서울중앙지방법원 2021. 3. 25. 선고 2020가단5306603 판결)의 경우에는 모두 북한에 송달할 수 없음을 이유로 공시송달이 진행되었고, 민사소송법 제208조 제3항 제3호에 따라 공시송달 판결로 원고의 청구가 인용되었다. 북한의 불법행위에 따른 손해배상 청구소송을 제기하는 경우에도 북한 등 피고가 송달에 응하거나 구체적으로 답변할 가능성은 낮으므로, 공시송달에 의하여 소장부본 송달이 이루어질 것으로 예상된다.

송달과 관련하여 참고할 사례로, 미국 워싱턴 D.C. 연방법원에서 진행된 웜비어 사건(CYNTHIA WARMBIER, et al., Plaintiffs, v. DEMOCRATIC PEOPLE'S REPUBLIC OF KOREA, Defendant)을 살펴보면, 당해 법원은 북한에 대한 송달을 인정한 바 있다. 위 사건 제1심은 북한이 아무런 답변을 하지 않아 피고의 불출석으로 진행되었으나, 워싱턴 D.C. 연방법원은 2019년 1월 28일 국제우편서비스 DHL을 이용하여 제1심 판결문과 판사의 의견서 및 법률 문서들에 대한 한글 번역본을 북한으로 발송하였다. 2019년 2월 14일 북한 외무성의 '김성원'(Kim Sung Won)이라는 인물에게 접수되었고, 약 열흘 뒤 미국으로 반송되어 2019년 3월 6일 워싱턴 D.C. 연방법원에 도착하였다.

이에 관하여 미국 워싱턴 D.C. 연방법원은 '판결문이 미국으로 돌아오기는 했으나 북한이 접수한 후에 새로운 우편물로 다시 보낸 것이기 때문에 결론적으로 수신한 것으로 보아야 한다'는 해석을 제시하면서 판결문의 송달에 따른 확정을 인정하였다.[250]

이외에도 미국 연방법원에 북한을 상대로 소송을 제기한 일본 적군파 테러 피해자와 유족들은 소장의 대체 송달 방안을 제안하면서, 미국 국무부에 '북한과 외교 관계를 맺고 있는 국가 혹은 뉴욕 유엔 주재 북한 대표부에 국무부가 소장을 건네 달라는 취지'로 요청하여 국무부에서 방법을 모색한 사례[251]도 있다.

대한민국의 경우 비록 현재 북측과의 통화가 단절되었고 대북통지문도 2021년 10월경 이후 북측의 수신 거부(팩스선 차단)로 문건 전달이 이루어지지 못하고 있다고는 하나, ① 지속적으로 대한민국 언론을 통하여 대북성명을 발표하고, ② 이를 국제우편서비스 DHL을 이용[252]하여 북한 외무성에 전달하거나 ③ 유엔 주재 북한 대사 등에게 발송하는 방법, ④ 평양시 주재 외국 대사관(영국, 몽골, 이집트 대사관 등)의 협조를 구하여 위 외국 대사관을 통해 북한 외무성에 전달하는 방법 등으로 송달을 시도해 보는 것도 의미가 있을 것이다.

다. 제1심 변론 절차

1) 변론기일의 진행

소장 부본이 공시송달 등에 의하여 피고에게 송달되어 송달의 효력이 발생한 경우, 제1심 법원은 변론기일을 지정하여 사건을 심리한다. 특히 피고에게 공시송달로 소장 부본이 송달된 경우(민사소송법 제265조 제1항 단서)는 그 소송의 성질상 무변론판결에 적합하지 아니하다고 보아 변론기일을 지정하여 처리[253]해야 하므로, 피고가 소장부본을 송달받고도 답변서를 제출하지 아니한 사건과 달리 실질적으로 변론을 진행하여 원고의 주장, 입증을 근거로 원고 청구의 당부를 판단하게 된다. 즉, 공시송달로 진행되는 사건은 원칙적으로 '무변론 판결'에 해당하는 것이 아니라 공시송달을 통하여 상대방에게 소장이 송달되었음을 전제로 일방 당사자의 변론을 통하여 주장, 입증의 당부를 판단하는 사건에 해당한다.

따라서 원칙적으로 원고로서는 청구가 인용될 수 있도록 주장, 입증 등 변론을 충실히 진행해야 한다. 특히, 공시송달의 방법으로 기일통지서를 송달받은 당사자가 출석하지 아니한 경우에는 자백간주에 관한 민사소송법 제150조가 적용되지 아니하므로,[254] 청구원인을 뒷받침하는 요건 사실에 관하여 원고가 모두 주장, 입증해야 한다.

참고로, 이미 이러한 북한 등을 상대방으로 한 다수의 손해배상 청구[255]가 제기된 바 있는 미국에서는 대부분의 사건이 유사한 궐석 판결(default judgement)[256]로 선고되었다.

2) 심리 비공개 가능성

한편, 북한 당국에 대한 손해배상 청구 소송 중 관련 증거자료가 대외적으로 공개가 부적절하거나 자제되어야 할 국가 정보자산의 형태도 존재할 수 있으므로, 이러한 증거자료가 공개되지 않음을 전제로 변론이 진행되는 것이 필요할 수 있다.

재판의 심리와 판결은 공개가 원칙이나, 헌법 제109조 단서 및 법원조직법 제1조 단서는 "다만, 심리는 국가의 안전 보장, 안녕질서 또는 선량한 풍속을 해칠 우려가 있는 경우에는 결정으로 공개하지 아니할 수 있다"라고 규정하고, 동법 제2조는 "제1항 단서의 결정은 이유를 밝혀 선고한다"라고 규정하여, 재판부가 비공개의 결정을 이유를 밝혀 선고하면 비공개 심리가 가능하다. 이러한 비공개 결정의 선고 사실 및 비공개 이유는 변론조서의 필수적 기재 사항이다(민사소송법 제136조 제6호).

나아가, 이와 같이 심리의 비공개 결정을 한 사건의 경우에는 사건이 확정되더라도 확정된 소송 기록의 열람 신청이 제한되며(민사소송법 제162조 제2항 단서),[257] 확정된 판결서의 경우에도 그 판결서의 열람 및 복사를 전부 또는 일부 제한할 수 있다(민사소송법 제163조의2 제1항 단서).[258]

북한 당국에 대한 소송의 경우에는 공시송달로 진행될 것으로 예상되는 바, 원칙적으로 준비서면은 상대방에게 그 부본을 송달해야 하고(민사소송법 제273조), 공시송달 시에는 공시송달 대상인 서면과 첨부자료가 모두 공시송달할 대상이 된다.

그러나 공시송달이 실시되더라도 그 자체로 송달할 서류가 대외적으로 공개되는 것은 아니고, 법원사무관 등이 송달할 서류를 보관하고 ① 법원 게시판 게시, ② 관보·공보 또는 신문 게재, ③ 전자통신매체를 이용한 공시의 세 가지 중 어느 하나의 방법으로 공시송달의 사유를 공시한다. 즉, 공시송달할 사유가 있어서 법원사무관 등이 해당 서류를 보관 중이라는 사실을 공시하는 것이지 해당 서류 자체를 공시하는 것은 아니다. 만약 송달받을 사람이 송달할 서류의 교부를 요구하는 경우에 법원사무관 등은 본인임을 확인하고 그에게 교부하게 된다.[259]

아울러, 북한 당국을 상대로 한 소송에서 법정에 현출하기 어려운 극히 민감한 자료가 있는 경우에는, 심리가 비공개인 상태에서 법정에서의 프레젠테이션 등으로 관련 자료를 재판부에 제시만 하고 서증으로 제출하지 않은 채 이를 변론 전체의 취지로 고려해 달라는 방안을 생각해 볼 수 있을 것이다.

라. 집행력 문제

소장 부본부터 공시송달의 방법으로 송달되어 피고가 출석하지 않은 상태에서 변론기일이 진행되었더라도, 그에 따라 판결이 선고되면 항소 기간의 도과로 형식적으로 확정되어 판결에 기판력[260]과 집행력 등이 발생한다.

이때 "확정판결(確定判決)은 주문에 포함된 것에 한하여 기판력(旣判力)"이 발생하는데(민사소송법 제216조), 같은 소송물에 대해서 재소(再訴)를 한 경우에 승소 부분에 해당하는 것은 소각하, 패소 부분에 해당하는 것은 청구기각의 대상이 된다.[261] 나아가, 후소와 전소의 소송물이 동일하지 않더라도 전소의 기판력 있는 법률관계가 후소의 선결관계로 되는 때에는 후소의 선결 문제로서 기판력을 받아 후소의 법원은 그와 모순되는 판단을 할 수 없다(선결관계효). 즉, 후소 법원은 선결 문제의 한도 내에서 전소의 기판력 있는 판단에 구속되어 이를 전제하여 심판해야 한다. 또한, 후소가 전소의 기판력 있는 법률 관계와 정면으로 모순되는 반대관계를 소송물로 할 때에도 전소의 기판력에 저촉되므로, 후소 법원이 전소와 다른 판단을 할 수 없다.

한편, 확정된 이행 판결의 집행력이란 판결로 명한 이행 의무를 강제집행 절차에 의하여 실현할 수 있는 효력을 의미한다. 따라서 피고에 대하여 금전 채무의 이행을 명하는 판결이 확정된 경우, 원고로서는 피고의 집행재산을 파악하고 집행문을 부여받아 강제 집행에 나아갈 수 있다.

Ⅳ. 대한민국 법원 판결의 집행 가능성

북한 등을 피고로 삼아 손해배상 청구를 우리나라 법원에 제기하고, 공시송달에 의한 소송 진행으로 승소 판결을 받아 그 판결이 확정되더라도, 강제집행이 가능한 피고의 집행재산이 존재해야 채권을 실효적으로 행사할 수 있다.

우선, 국내에 존재하는 북한 등의 집행재산으로는, 앞서 살펴본 서울동부지방법원 2022년 1월 14일 선고 2020가단154367 판결에서도 쟁점이 되었던 "북한이 사단법인 남북경제문화협력재단에 대하여 갖는 저작권료 채권"을 고려해 볼 수 있다. 위 사건의 제1심 법원은 북한 저작권사무국을 북한 저작물 사용 계약에 따른 모든 권리 의무의 귀속 주체로 볼 것이 아니라 저작권 중개업체에 불과한 것으로 보았고, 사단법인 남북경제문화협력재단을 피공탁자로 한 공탁이 성립되었더라도 아직 공탁금을 수령하지 않은 상태에서는 피압류채권이 존재하지 않는다고 판단하여 피압류채권이 존재하지 않는다고 해석하였고, 항소심 서울고등법원 2023년 4월 27일 선고 2022나2032864 판결도 같은 태도를 유지하였다. 그러나 대법원[262]에서 달리 해석할 가능성도 상당하므로 그 귀추를 지켜볼 필요가 있다.

또한, 위 사건에서는 압류추심명령의 피압류채권이 "채무자(북한)가 2005년 12월 31일 제3채무자(사단법인 남북경제문화협력재단)에게 국내에서의 북한 저작물 이용에 대한 계약 체결, 저작물 사용료 협상 및 징수 등의 권한을 위임한 저작권 협약에 따라 제3채무자가 2017년 1월 1일부터 2017년 12월 31일까지 징수한 192,526,903원의 저작물 사용료에 대하여 채무자가 제3채무자에 대하여 가지는 지급청구채권 중 위 청구채권액"으로 특정되었기 때문에 피압류채권이 부존재한다고 해석된 것인데, 피압류채권이 특정 방법을 추가로 연구하여 추심소송을 제기할 경우 달리 판단될 가능성도 있어 보인다.

북한 당국이 제3국에 보유하고 있는 것으로 알려진 자산도 집행재산으로 고려할 수 있으며, 특히 미국 등이 압류·동결하고 있는 자산에 대한 집행을 적극적으로 검토해 볼 필요가 있다. 예를 들어, 미국 웜비어 사건에서 당해 원고는 ① 2019년 북한산 석탄을 불법 운반하다 인도네시아 당국에 억류된 뒤 미국 정부에 몰수된 북한 선박 와이즈 어네스트 호에 대한 집행을 주장하여 해당 선박의 매각대금을 일부 지급 받았으며, ② 미국 재무부 해외자산통제국이 동결한 미국 내 북한 자산과 관련한 정보를 확보하여 조선광선은행의 자금 24만 336달러가 동결 중이라는 사실을 확인하고 해당 계좌에 대한 집행을 주장하여 해당 재판부로부터 뉴욕주가 해당 자금을 웜비어 측에게 넘길 수 있도록 승인하는 판결을 받았으며, ③ 나아가 웜비어 사건의 원고는 미국 은행 3곳에 북한 관련 자금 2,379만 달러가 예치된 사실을 파악하였고, 재무부가 보유한 북한 자산 3,169만 달러의 정보도 확인하여 집행을 시도하고 있다.[263]

이외에도, 현재까지 미국이 확보, 동결한 것으로 대외적으로 알려진 북한 관련 자산으로는 ① 미국 재무부가 2021년 9월 8일 발표한 '테러리스트 자산 보고서'에 등재된 동결 북한 자산 3천만 달러(한화 약 400억 원)[264]가 있고, ② 미국이 압류한 것으로 알려진 북한의 암호화폐 자산(현재까지 가액은 미공개이나 이를 공개하라는 미국 법원의 승인 결정이 있었음)이 있으며[265] ③ 암호화폐 거래소 바이낸스와 협력하여 미 재무부가 압류한 북한 범죄자금 440만 달러(한화 약 58억 원)[266] 등이 있다.

특히, 위와 같이 미국이 압류, 동결하여 보유하고 있는 북한 관련 자산의 구체적인 현황은 각 본안재판과 별도로 행해진 관련 압류, 몰수 소송 경과를 통하여 확인할 수 있다. 구체적으로는 아래 표[267]와 같다.

〈표15〉 미국 법원에서 진행된 북한 관련 자산 압류·몰수 사건

사건명	배경사실	경과
U.S. v. The Bulk Cargo Carrier Known as the "Wise Honest," Bearing International Maritime Organization Number 8905490 (1:19-cv-04210)	북한 국적의 벌크선박 Wise Honest호는 유엔 안보리 결의 제13722호를 위반하여 북한으로부터 석탄을 이전, 판매, 제공하는 데 개입하였음을 이유로 2018년 4월 2일 나포되었으며, 석탄 수출, 수입 행위를 한 Korea Songi Shipping Company는 북한 인민군 소속으로 알려짐	미국 재무부에 의하여 압류, 몰수 처분이 이루어짐
U.S. v. $1,258,688 Associated with Yung Yuan Tsang (CV18-5216)	Kingly Won International Co., Ltd.가 Joint Stock Independent Petroleum Company에게 송금한 $1,258,688은 미국 대북 제재강화법의 제재 대상인 대만 국적의 개인 Yung Yuan Tsang이 중국 국적의 회사 Haihua Trade Group을 위하여 자금세탁을 시도한 것으로서, 대북제재강화법 및 국제긴급경제권한법을 위반함	압류, 몰수 소송이 개시된 이후 아무도 반박을 제기하지 않아 무변론으로 압류, 몰수를 승인한다는 확인서가 발부됨
$148,500 OF BLOCKED FUNDS IN the NAME OF TRANS MULTI MECHANICS, CO., LTD., et al., Defendants (2019 WL 1440882)	미국 행정명령 제13382호에 의하여 핵확산 주동자로 게재된 개인 Tsai Hsien-Tai 등이 Trans Multi Mechanics 이름으로 미국 은행계좌를 통하여 위 개인의 딸이 가지고 있던 대만 계좌로 $148,500를 이전함을 확인함	국제긴급경제권한법 및 국제돈세탁 관여 등을 이유로 압류, 몰수를 신청하여 법원에서 인용됨

사건명	배경사실	경과
U.S. v. $6,999,925.00 OF FUNDS ASSOCIATED WITH VELMUR MANAGEMENT PTE LTD, et al. (368 F.Supp.3d 10; 2019 WL 1317336)	Velmur Management Pte. Ltd. 등은 제재 대상인 북한 단체를 위하여 거래를 진행하였고, 미국 대북제재법을 위반하여 자금 세탁 및 북한을 위한 석유 구매 등을 하였음	미국 해외자산통제국은 2017년 5월 이들 거래를 동결하였고, 법원은 압류, 몰수를 일부 인용함
U.S. v. $4,083,935.00 OF FUNDS ASSOCIATED WITH DANDONG CHENGTAI TRADING LIMITED, $500,000.00 of Funds Associated with Chi Yupeng, In Rem Defendants. (2018 WL 8108633)	Dandong Chengtai Trading Limited 등은 석탄 판매로 발생한 수익금을 미국을 통하여 제재 대상인 북한 단체들(북한 정부, 노동당 39호실, 노동당 등)을 지원하였음	법원은 이들 자금 전체에 대하여 압류, 몰수를 인용함
$1,071,251.44 OF FUNDS ASSOCIATED WITH MINGZHENG INTERNATIONAL TRADING LIMITED; $347,446.93 of Funds Associated with Mingzheng International Trading Limited; $253,638.25 of Funds Associated with Mingzheng International Trading Limited; and $157,749.07 of Funds Associated with Mingzheng International Trading Limited; Defendants (324 F.Supp.3d 38; 2018 WL 3941949)	Mingzheng International Trading Limited는 북한을 위해 자금 세탁을 하는 전위기업으로, 동 자금이 북한으로부터 또는 북한으로 이전된 사실을 확인하여 국제긴급경제권한법에 따라 동결됨	법원은 본 기업 관련 자금 전체에 대하여 압류, 몰수를 인용함

사건명	배경사실	경과
U.S. v. ALL WIRE TRANSACTIONS INVOLVING DANDONG ZHICHENG METALLIC MATERIAL COMPANY, LTD., et al., Defendant. (2017 WL3233062)	Dandong Zhicheng Metallic Material Co., Ltd. 및 이에 대한 대부분의 지분을 가지고 있는 기타 3개의 관련 회사가 보유한 은행계좌의 자금들이 미화로 북한으로부터 석탄을 구입하는 데 사용되었음이 확인됨	압수 영장 청구를 기각한 결정이 상소심에서 파기, 환송됨에 따라 영장 청구가 최종 인용됨
$599,930.00 OF FUNDS ASSOCIATED WITH COOPERATING COMPANY 1, $845,130.00 OF FUNDS ASSOCIATED WITH APEX CHOICE LTD., $1,722,723.00 OF FUNDS ASSOCIATED WITH YUANYE WOOD CO. LTD. (2022 WL 1154731)	제재 대상인 북한 금융 당국으로 자금을 이전한 것으로 확인되어 미국 정부는 대북 제재강화법 및 국제긴급경제권한법 위반에 해당할 뿐만 아니라 미국 연방 자금 세탁 금지법에도 저촉된다는 이유로 압류, 몰수를 신청함	법원은 문제가 된 거래 자금에 대한 압류, 몰수를 인용함
U.S. v. ALL FUNDS IN THE ACCOUNTS OF BLUE SEA BUSINESS CO., LTD., FANWELL, LTD., FULLY MAX TRADING, LTD., DANDONG HONGXIANG INDUSTRIAL DEVELOPMENT CO., LTD., AND SUCCESS TARGET GROUP, LTD. AT CHINA MERCHANTS B et al.	미국 해외자산통제국은 북한의 Korea Kwangson Banking Corporation과 중국 국민 Ma Xiaohong을 제재 대상 리스트에 등재하였는데, Ma Xiaohong은 중국 무역 회사 Dandong Hongxiang Industrial Development Co., Ltd의 대주주로 다른 임원들과 공모하여 관련 회사를 통하여 미국 대북 제재를 회피하여 자금 세탁을 공모하였음	재산에 대한 가압류 결정 (restraining order)이 내려짐

위와 같이 북한 당국을 대상으로 하는 압류, 몰수가 이루어지는 경우, 당해 재산은 자산 압류, 몰수 기금(Asset Forfeiture Fund, 이하 'AFF'라고 함)으로 이전되며, 압류, 몰수 절차와 관련한 각종 비용에 1차적으로 사용된다. 이처럼 AFF로 이전된 특정 북한 당국의 재산에 관하여 손해배상 판결의 집행을 법원에 신청할 수 있는데, 오토 웜비어 사건의 유족들은 위 "U.S. v. The Bulk Cargo Carrier Known as the 'Wise Honest,' Bearing International Maritime Organization Number 8905490 (1:19-cv-04210)" 사건에서 압류, 몰수된 자산을 구체적으로 지목하여 판결 집행으로서 매각재산의 일부를 지급받은 것이다.

아울러, 미국의 '국가 조력 테러리즘 미국인 피해자 구제법'(Justice for U.S. Victims of State Sponsored Terrorism Act)(34 U.S.C. § 20144)은 국가 조력 테러리즘과 관련이 있는 경제 제재법(국제긴급경제권한법, 자금세탁방지법 등) 위반으로 인하여 형사적으로 압류, 몰수된 자산, 또는 민사적 압류, 몰수 자산의 절반(1/2)은 위 구제법 기금으로 예치하여 미국인 피해자에 대한 배상에 사용하도록 하고 있다. 그동안 위 구제법 기금을 통하여 이루어진 피해자에 대한 손해배상액은 총 33억 달러[268]에 달하는 것으로 알려져 있으나, 개별 판결 시항과 기금 적용 내역 등은 철저한 기밀로 유지되고 있으므로 상세한 정보는 알려져 있지 않다.

제6장

결론

1. 이상과 같이, 저자는 기존의 통일 담론이 국제질서와 국제적 환경을 도외시한 채 '우리 민족끼리'를 강조한 남북 관계 특수론에만 몰입되어 있어 국내적 관점에만 치우친 통일운동을 해왔다는 점을 지적하면서, 미래 세대를 위해 역사를 정면에서 실용적·합리적으로 바라보기 위해 국제적 관점에서 본 통일법제가 필요함을 강조하였다.

특히 통일은 정치적·영토적 결합 이후 최소 30년 이상의 기간이 소요되기 때문에 통일 시대를 살아갈 미래 세대에게 필요한 통일법제 필요성을 강조하였다. 또한 미래 세대들이 지정학적 관점에서 한반도의 국제질서를 이해할 필요가 있다고 판단하여 국제사회의 대북 제재를 살펴보았다.

국제사회의 대북 제재로는 유엔 안전보장이사회의 대북 제재 결의안과 같은 다자 제재와 미국, 일본, 유럽 등과 같은 독자적 대북 제재가 있는데, 이 책에서는 가장 실효성이 있고 실질적인 영향력이 있는 유엔의 대북 제재와 미국의 독자적 대북 제재를 집중적으로 살펴보았다. 특히 과거에 미국이 경제 제재를 실시했다가 해제하거나 완화했던 리비아, 베트남, 이란, 쿠바, 미얀마, 수단 등의 사례를 살펴보면서, 미국의 북한에 대한 경제 제재 해제 프로세스를 전망해보았다.

한편, 북·미 간 비핵화 협상이 타결된다고 하더라도 북한의 완전한 비핵화를 위해서는 최소 10년 이상의 기간이 필요하기 때문에, 국제사회의 대북 제재 하에서도 남북 교류 협력을 할 수 있는 방안을 모색할 필요가 있다. 세계적인 기후위기는 인류의 공동운명과 관련되어 있기 때문에 적성국가라고 하더라도 긴밀히 협력하는 것이 오늘날 세계의 흐름이다.

북한도 최근에 기후위기와 환경에 대한 관심이 높아 환경 분야에 있어 국제적인 협력을 모색하고 있다. 아울러 북한은 유엔 SDGs를 북한의 국가 발전 목표(National Development Goals: NDGs)와 연계시켜 '우리 식 SDGs'를 표방하며, 북한 자체적으로 설정한 SDGs는 목표별로 우선순위를 반영하여 17개 목표, 95개 세부목표, 132개 지표로 구성하였다. 이 중에서 순번 6(물과 위생의 지속가능한 사용 및 관리 보장), 순번 13(기후 변화 그리고 그 영향과의 투쟁), 순번 14(해안, 바다, 수산 자원의 보존과 지속가능한 활용), 순번 15(숲, 토지 황폐화 되돌리기, 생물다양성 유지의 지속적인 관리) 등이 환경 분야와 직접적인 관련이 있다. 따라서 남북 관계가 경색되어 있는 현 시점에서도 '환경 협력'은 남북 교류 협력이 충분히 가능한 분야이다. 이러한 점을 감안하여 유엔 SDGs를 통한 남북 환경법제 통합 방향에 대해 제안해 보았다.

한편, 최근에 북한 당국이 남북공동연락사무소를 폭파하고, 개성공단을 무단으로 사용하는 불법행위를 하는 등 북한에 대한 법적 조치의 필요성이 대두되고 있는 점을 감안하여, 미래 세대가 가장 최신의 법률적 쟁점을 이해할 수 있도록 북한 당국의 불법행위에 대해 부득이 국내 법원에서 소송을 진행할 경우의 법률적 쟁점에 대해 검토하였다.

2. 이 책의 결론적인 내용으로, 저자는 최근 일련에 있었던 남북 관계를 반추하면서 기존 통일 담론의 한계를 넘어서는 새로운 남북 관계 패러다임의 전환을 위한 제언을 하고자 한다.

2018년 4월 27일 판문점 선언에 이은 남북 화해 무드를 뒤로한 채, 2019년 2월 28일 하노이 회담 이후 남북 관계가 경색되기 시작하면서 급기야 2020년 6월 16일 남북공동연락사무소가 폭파되었다. 이 일이 있은 다음 날 북한 당국자가 "앞으로 남조선 당국과 무슨 교류나 협력은 있을 수 없다. 지금까지 북남 사이에 있었던 모든 일은 일장춘몽으로 여기면 그만이다"라는 입장 표명을 하였다. 이후 2024년 북한 김정은 위원장은 대한민국을 제1의 주적이라고 명명하면서 '조국통일 3대 헌장 기념탑'을 철거하고, 남북 경제 협력 관련 법안과 합의서를 폐지하는 조치를 하는 등 남북 관계는 최악의 국면을 맞이하여 현재까지 이르고 있다.

2018년 판문점 선언 이후 지난 6년간의 남북 관계를 반추해 보면, 남북 관계는 남북 당국의 정치적인 선언만으로는 실질적인 결과를 도출하기 어렵고, 국제정세의 변화나 남북 당국의 국내 정치적 요인으로 인해 언제든지 쉽게 개폐될 수밖에 없는 한계가 있음이 확인되었다. 특히 지난 6년간의 남북 관계의 급변화는 비단 최근의 일로만 그치는 것이 아니라 1948년 남북 분단 이후 남북 간에 있어 왔던 모든 합의나 선언을 압축적으로 보여 주는 한 단면이라 할 수 있다.

상술하면, 한국전쟁 이후 남북 관계는 대외 정세와 정권의 이해관계에 따라 급변해 왔다. 그에 따라 남북 간 현안 해결을 위한 구체적인 실천 과제 역시 대화·협력 무드 조성에 따른 실천 과제의 합의, 실천 과제의 추진, 이후 남북 관계 악화에 따른 실천 과제 추진의 무산, 다시 남북 관계 회복에 따른 실천 과제 재추진의 합의 또는 새로운 실천 과제의 합의가 반복되면서, 정작 남북한 국민들이 실제 체감할 수 있는 실질적인 변화를 일으키지 못하였던 것도 사실이다. 특히 대한민국 정부가 보수에서 진보로, 또 진보에서 보수로 변경되는 과정에서 당시 정부 여당의 통일정책이 수시로 변경되었다. 이는 일관되고 지속적인 통일정책 수립을 어렵게 만들 뿐만 아니라 통일정책의 수시 변경은 남북 간의 신뢰 형성에도 장애요소가 된다.

통일의 문제는 한민족의 운명을 좌우할 중요한 주제이기 때문에, 어느 한 정당과 정파의 입장에 따라 통일정책이 운영되는 것은 매우 바람직하지 않다. 고르디우스의 매듭이 쾌도난마를 통해 해결되듯이, 모든 복잡한 문제는 기본과 원칙으로 돌아갈 때 의외로 잘 해결되는 경우가 많다. 복잡해 보이는 한반도 평화와 통일에 대한 문제도 기본(핵심)으로 돌아가 새로운 패러다임으로 '여야 합의에 의한 통일정책 수립'을 검토할 때가 되었다.

대한민국 정체(政體)는, 대통령제이면서도 내각제적 요소가 가미된 독특한 통치 구조를 가지고 있다. 다른 일반적인 이슈는 대통령제의 특성을 살려 책임정치 구현 차원에서 정부 여당에 맡기되, 한반도의 운명을 좌우할 통일정책 수립만큼은 내각제적 요소를 가미하여 정부와 함께 여야 국회의원이 함께 참여하는 가칭 "범정부 통일정책 수립위원회"를 구성하여 장기간의 통일정책 마스터 플랜을 마련할 것을 제안한다.

　대한민국은 단임 정부의 특성상 장기간의 시간이 소요되는 통일정책을 한 정권에서 모두 구현하기 어려우며, 특히 정권이 변경될 경우 기존의 통일정책이 폐기되어 한반도 위기를 초래할 위험성이 상존한다. 이러한 점을 미리 예방하기 위하여, 10년 단위로 정부와 여야 국회의원이 참여하는 범정부 통일정책 수립위원회를 구성하여, 위 위원회에서 향후 10년간의 통일정책과 비전을 담은 〈통일정책 백서〉를 발간할 필요가 있다. 그래서 향후 10년간 어떤 정부가 들어서더라도 여야가 합의한 통일정책만큼은 그 원칙을 준수하도록 해야 할 것이다.

　이러한 경우 대한민국은 정부의 성격과 상관없이 일관된 통일정책을 추진할 수 있고, 국민들도 통일 이슈로 인해 더 이상 불필요한 정쟁과 분열을 할 필요가 없으며, 북한 당국 입장에서도 예측가능한 대한민국의 통일정책에 맞게 본인들의 수용 여부를 결정할 수 있어 남북 관계의 예측 가능성을 한층 높일 수 있다. 특히 대선 때마다 반복되어 왔던 남남 갈등이 정부-여야가 합의한 통일정책에 따라 일관되게 추진될 수 있기 때문에 불필요한 사회적 갈등 비용을 줄일 수 있다.

　이처럼 정부-여야 국회의원이 참여하는 "범정부 통일정책 수립위원회"는 각계각층의 의견을 수렴하여 국민들의 의사를 충분히 반영하는 한편, 이를 바탕으로 외교안보·통일법제 전문가들을 전문위원으로 참여시켜 협업함으로써 그 전문성을 높여야 한다. 특히 앞으로 통일 시대에 주역이 될 미래 세대의 법률전문가들이 통일법제 전문가로서 위원회에 적극적으로 참여할 수 있도록 기회를 줌으로써, 향후 이들이 통일 시대의 주역으로서 사회적 혼란을 최소화하고 남북한 주민들을 통합할 수 있는 통일 법제도를 완성하는 역할을 부여할 필요가 있다.

이를 위해 정부가 나서서 미래 세대 통일법제 전문가를 집중적으로 양성하여 통일의 인적 역량을 강화할 필요가 있다. 그리고 미래 세대의 통일법제 전문가들의 연구가 실질적인 정책으로 마련될 수 있도록 정부 차원에서 체계적이고 지속적인 관리가 필요하다. 이러한 점에서 다시 한번 미래 세대 통일법제 전문가 양성의 중요성을 강조하면서, 이 책이 미래 세대 통일법제 전문가 양성에 조금이라도 도움이 되기를 바란다.

미주

서문

1   https://www.donga.com/news/Politics/article/all/20240116/123066867/1
2   https://www.yna.co.kr/view/AKR20240123160400072

제1장

3   저자는 MZ세대보다는 미래 세대라는 표현을 더 좋아한다. MZ세대는 생물학적 나이만을 강조하는 용어인 반면에 미래 세대는 앞으로 미래 사회를 이끌어 나갈 책임 있는 시민이라는 어감이 더 강하기 때문이다.
4   https://cm.asiae.co.kr/article/2018053016283745768

제2장

5   임소정, "국제사회의 대북 제재 현황과 전망", KIEP 기초자료, 2018. 2.
6   유엔 헌장 제25조("유엔 회원국은 안보리의 결정을 이 헌장에 따라 수락하고 이행할 것을 동의한다."); 정민정, "북한 미사일 발사에 대한 유엔 안보리 회부의 의미와 전망", 이슈와 논점, 국회입법조사처, 2009 참조.
7   유엔 헌장 제25조; 백상미, "유엔 안전보장이사회의 제재 결의와 한국의 실행", 서울대학교대학원, 2014. 2.
8   기획재정부 고시 제2017-39호 〈외국환거래법〉 및 〈외국환거래법 시행령〉에 따른 〈국제 평화 및 안전 유지 등의 의무 이행을 위한 지급 및 영수

허가 지침〉 개정 규정을 다음과 같이 고시합니다 [...] 제2조 8항: 국제연합 안전보장이사회 결의 제1718호에 의거 국제연합 안전보장이사회 또는 동 이사회 결의 제1718호에 의하여 구성된 위원회가 지명한 자.

9 UNSC Resolution 1718; 이승현, "국제사회의 대북 제재: 현황과 과제", 국회입법조사처, 현안 보고서 vol. 224, 2013. 12.
10 UNSC Resolution 1874; 홍순직, "유엔 안보리의 대북 제재 영향과 대응 방향", 통일경제, 2009, pp. 36-37.
11 UNSC Resolution 2087; 유엔 안보리 대북 제재 강화 결의 2087호 채택, 주레바논대사관, 2013. 01. 25.
12 UNSC Resolution 2094; 유엔 대북 제재, 통일부 북한정보포털.
13 UNSC Resolution 2270; "16. 3. 3. 유엔 안보리 대북한 제재 결의 2270호 채택", 외교부 보도자료, 2016. 03. 02.
14 UNSC Resolution 2321; 이효원, "개성공단 재개에 관한 법적 쟁점", 통일과 법률, vol. 31, 2007. 8, p. 12.
15 UNSC Resolution 2356; 이효원, 앞의 글, p. 13.
16 UNSC Resolution 2371; "유엔 안보리 대북 제재 결의 2371호 채택", 외교부 보도자료, 2017. 8. 6.
17 UNSC Resolution 2397호 paragraphs 4-9; 유엔 안보리 대북 제재 결의 2397호 채택, 외교부 보도자료, 2017. 12. 23.
18 United Nations Security Council Committee established pursuant to resolution 1718 (2006), "Fact Sheet compiling certain measures imposed by Security Council", 17 April 2018(The fact sheet divides the areas of sanction as follows: Arms and related material embargo; Embargo on items, materials, equipment, goods and technology relevant to nuclear-, ballistic missile-, and other weapons of mass destruction-related programs; Catch-all provisions related to prohibited items; Ban on certain financial transactions, technical training, advice, services or assistance; Proliferation networks; Ban on specialized teaching and training and suspension of scientific and

technical cooperation; Assets freeze; Travel ban; Financial measures; Luxury goods embargo; Sectoral sanctions; Seafood ban; textile ban; Ban on import of statutes from the DPRK; Fuel ban; DPRK nationals working abroad; Inspection and transportation; Seizure and disposal); Fuel ban; DPRK nationals working abroad; Inspection and transportation; Seizure and disposal).

19 Executive Order No. 13466(2008). 원문은 다음과 같다. "a national emergency to deal with the unusual and extraordinary threat to the national security and foreign policy of the United States constituted by the existence and risk of the proliferation of weapons-usable fissile material on the Korean Peninsula."

20 Executive Order No. 13551(2010). 원문은 다음과 같다. "blocking of property and interests in property of certain persons with respect to North Korea."

21 Dianne E. Rennack. "North Korea: Legislative Basis for U.S. Economic Sanctions." *CRS Report. R41438*, 2019., p. 2.

22 임소정, "국제사회의 대북 제재 현황과 전망"(2018), KIEP, p. 4.

23 Department of the Treasury [DOT]. 2019d. Sanctions Programs and Country Information. https://www.treasury.gov/resource-center/sanctions/programs/pages/programs.aspx

24 Peter E. Harrel and Elizabeth Rosenberg. "*Economic Dominance, Financial Technology, and the Future of U.S. Economic Coercion*". the Center for New American Security, 2019.

25 미국 대북제재 유형의 분류는, 이승현, "국제사회의 대북제재: 현황과 과제" 〈현안보고서〉 Vol. 224. 국회입법조사처(2013), 17~18쪽 부분을 참고하여 작성하였고, 이를 다시 제재의 유형 및 US Persons 관련에 따라 재분류하였다. 국가 기반 및 목록 기반 분류에 대하여는 J. Daniel Chapman and William B. Hoffman. 2013. "US Economic

Sanctions Law." ed. Kay C. Georgi and Paul M. Lalonde. *Handbook of Export Controls & Economic Sanctions*. ABA Section of International Law 부분을 참고한 것이다.

26 2차 제재의 의미와 그 효과에 대하여는 Atlantic Council. 2018. *Secondary Sanctions: A First Glance*. https://www.atlanticcouncil.org/blogs/econographics/ole-moehr-3/(검색일: 2019. 11. 19) 부분을 참고하였다.

27 다만 아래에서 설명하는 바와 같이 사안에 따라 2차 제재 대상자가 동시에 1차 제재 대상자가 되거나, 또는 2차 제재 대상자의 자회사 등이 1차 제재 대상자가 될 수 있으므로, 이러한 경우 민형사상 처벌 가능성이 있는지 유의해서 살펴보아야 한다.

28 https://m.lawtimes.co.kr/Content/LawFirm-NewsLetter?serial=153437

29 Peter E. Harrel and Elizabeth Rosenberg. "Economic Dominance, Financial Technology, and the Future of U.S. Economic Coercion". the Center for New American Security, 2019. p. 9의 도표에 경제 제재와 무역 통제, 2차 제재 등 정책적 조치를 추가하여 재작성한 것이다.

30 서보혁, 이무철, 서정건, 임상순, 임형섭, "대북 제재 현황과 완화 전망 참고", 〈KINU 정책연구 시리즈〉 18-03. 통일연구원, 2018, pp. 3-5.

31 https://m.khan.co.kr/world/world-general/article/202306210724001#c2b

32 Federal Register, Continuation of the National Emergency With Respect to North Korea, https://www.federalregister.gov/documents/2020/06/19/2020-13450/continuation-of-the-national-emergency-with-respect-to-north-korea

33 북한핵무기확산금지법(2006)은 2000년 이란 대량살상무기확산금지법을 개정한 것으로서 북한을 그 제재 대상으로 포함시킨 법률이다.

34 국가비상경제권한법 50 U.S.C. §1622(d) Automatic termination of national emergency; continuation notice from President to Congress;

publication in Federal Register Any national emergency declared by the President in accordance with this subchapter, and not otherwise previously terminated, shall terminate on the anniversary of the declaration of that emergency if, within the ninety-day period prior to each anniversary date, the President does not publish in the Federal Register and transmit to the Congress a notice stating that such emergency is to continue in effect after such anniversary.

35 국가비상경제권한법 50 U.S. Code §1706(a)(1)
36 국가비상경제권한법 50 U.S. Code §1706(b)
37 국가비상사태법 U.S.C. Code §1641(c), 국가비상경제권한법 50 U.S. Code §1706(c)
38 임형섭, 김마로, "남북경협 재개를 위한 국제사회의 대북 제재 법적 검토-개성공단 재개가능성을 중심으로-", 〈통일과 법률〉 vol.35, 법무부, 2018, 7면.
39 임소정, "국제사회의 대북 제재 현황과 전망", 〈KIEP 기초자료〉 18-01, 대외경제정책연구원 2018, 7면.
40 임소정, "국제사회의 대북 제재 현황과 전망", 〈KIEP 기초자료〉 18-01, 대외경제정책연구원 2018, 7면.
41 임형섭, 김마로, "남북경협 재개를 위한 국제사회의 대북 제재 법적 검토-개성공단 재개 가능성을 중심으로-", 〈통일과 법률〉 vol. 35, 법무부, 2018, 9면.
42 S.2736-Asia Reassurance Initiative Act of 2018.
43 Asia Reassurance Initiative Act of 2018.
44 Asia Reassurance Initiative Act of 2018, 제210조 (b)(2)항.
45 Asia Reassurance Initiative Act of 2018, 제210조 (b)(2)항.
46 연합뉴스, "美 상원서 '웜비어법' 다시 발의… 北과 거래하는 외국 은행 제재" 2019. 3. 6, https://www.yna.co.kr/view/AKR20190306053300009(검색일: 2020년 10월 22일)

47　Otto Warmbier North Korea Nuclear Sanctions and Enforcement Act of 2019 (이하 '웜비어법'), 제7121조.
48　웜비어법 제7124조.
49　웜비어법 제7126조.
50　웜비어법 제7125조.
51　웜비어법 제7111조 (a)항 ("The United States is committed to working with its allies and partners to halt the nuclear and ballistic missile programs of North Korea through a policy of maximum pressure and diplomatic engagement.")
52　웜비어법 이전 대북 제재 법령에는 '해외 금융기관'을 특정하여 제재하는 별도 규정이 없었으며(유일하게 행정명령 13810호 4항에 해외 금융기관 제재 관련 조항이 포함되어 있었음), 다만 '알면서도'(knowingly) 북한 당국의 상당한 자금이나 재산 이전을 용이하게 하여 유엔 안보리 결의 위반에 기여하는 경우(H.R.3364 제311조 (b)(D)(F)항) 등과 같이 포괄적인 방법으로 해외 금융기관에 대한 제재를 규정하였다. 즉 기존 대북 제재 법령에도 해외 금융기관을 제재할 수 있는 규정이 포함되어 있었으나, 웜비어법 7121(a)항과 같이 해외 금융기관을 특정하여 제재하는 규정은 존재하지 않았다.
53　North Korea Sanctions and Policy Enforcement Act of 2016, 제104조 (a), (b), (g)항 (이하 'NKSPEA').
54　국제비상경제권한법 206(b)항에 따른 민사 처벌 금액은 매년 규정에 따라 증가된다. Andrea Tovar, Eunkyung Kim Shin, and Bart M. McMillan(2019).
55　willfully는 knowingly보다 엄격한 기준으로서, 위반 행위자가 위반 행위에 적극 가담하였을 경우 등을 의미한다.
56　국제비상경제권한법(50 U.S.C. 1705) 제206조 (b)항, 제206조 (c)항.
57　브레튼 우즈 협정법은 미국 내에서 브레튼 우즈 협약을 이행하기 위한 법으로서, 이번 웜비어법을 통해 개정되었다. 미국의 경우 하나의 법을 제정하여 다수의 관련 법령을 개정하는 것이 가능하다.

58 Dianne E. Rennack. "North Korea: Legislative Basis for U.S. Economic Sanctions, " *CRS Report*. R41438, 2019, pp. 6-19; Executive Order No. 13810의 내용을 재구성한 것이다.
59 서보혁, 이무철, 서정건, 임상순, 임형섭. "대북 제재 현황과 완화 전망 참고". 〈KINU 정책연구시리즈〉 18-03. 통일연구원, 2018, 12면.
60 North Korea Sanctions Regulations 31, CFR Part 510, Subpart E.
61 서보혁, 이무철, 서정건, 임상순, 임형섭. "대북 제재 현황과 완화 전망 참고". 〈KINU 정책연구시리즈〉 18-03. 통일연구원, 2018, 13면.
62 31 CFR § 510.413
63 이러한 권한은 미국 애국법 section 311 이하에 따른 재무부의 금융범죄단속네트워크(Financial Crimes Enforcement Network, 이하 'FinCEN')와 별도로 부여되는 권한이다.

제3장

64 H.R. 757 sec. 401(a)
65 H.R. 757 sec. 401(a), (b) (a)
66 웜비어법 S.1790 sec. 7143(a), (b)
67 웜비어법 S.1790 sec. 7143(c)
68 이 부분은 이지현, "북한에 대한 미국의 경제 제재와 '해제프로세스' 전망: 리비아와 베트남 사례가 주는 시사점", 석사논문, 북한대학원대학교(2008)의 내용을 수정, 편집, 보충하여 재작성한 것이다.
69 1986년 1월 7일, 행정명령 12543(Executive Order 12543)으로 리비아 정부의 정책과 조치에 의해 미국의 안보와 외교정책이 위협받고 있다고 '국가적 비상' 선포.
70 대외경제정책연구원, 〈오늘의 세계경제〉 2007. 4., 3면.
71 50 U. S. C. § 1701-1707.
72 Kenneth Katzman, *U. S-North Korean Relations: An Analytic*

Compendium of U. S. Policies, Laws & Regulations(Washington, D. C.: The Atlantic Council, Occasional Paper, March 2007), p. 2.

73 51 FR 1235, 3 C.F.R, 1986 Comp., p. 183.
74 E. O. 12801, Barring Overflight, Takeoff, And Landing of Aircraft Flying to Or From Libya.
75 조찬제, "내전으로 치닫는 리비아", 경향신문, 2011년 2월 22일자, http://news.khan.co.kr/kh_news/khan_art_view.html?artid=2011022122063 75&code=970209(검색일: 2020년 6월 18일)
76 Christopher M. Blanchard, "Libya: Background and U. S. Relations," *CRS Report*, June 19, 2007, p. 27.
77 Fact Sheet, Office of Spokesman, Washington, D.C., May 15, 2006.
78 INFCIRC-540. 대상국에 대해 IAEA에 추가 장소 및 정보 접근권을 주는 것을 내용으로 함.
79 Sharon A. Squassoni and Andrew Feickert, "Disarming Libya: Weapons of Mass Destruction," *CRS Report,* April 22, 2004, p. 1.
80 부시 대통령은 의회에 "비록 몇몇의 긍정적 발전들이 있어왔지만, 1986년 1월 17일 국가비상을 선포하도록 만든 미국과 리비아 간의 위난은 완전히 해결되지 않았다"라고 말하며 리비아 관련 국가위기를 계속 하고 있다고 알렸다. Notice: Continuation of the National Emergency with Respect to Libya. Jan. 5, 2004.
81 Sharon A. Squassoni and Andrew Feickert, "Disarming Libya: Weapons of Mass Destruction", CRS report, April 22. 2004., p. 6.
82 U.S.C.의 Title 49 § 40106.
83 3 U.S.C. § 301.
84 E.O. 13357
85 Inside US Trade, vol. 24. n. 12.
86 Christopher M. Blanchard, "Libya: Background and U. S. Relations", *CRS Report*, June 19, 2007, p. 6.

87 Dianne E. Rennack, "Libya: Legislative Basis for U. S. Economic Sanctions", *CRS Report*, Jan. 23, 2006, p. 1.

88 Christopher M. Blanchard, "Libya: Background and U. S. Relations", *CRS Report*, June 19, 2007, p. 6.

89 Memorandum for the Secretary of State on Rescission of Libya's Designation as a State Sponsor of Terrorism Presidential Determination, No. 2006-14, May 12, 2006. (SUBJECT: Certification on Rescission of Libya's Designation as a State Sponsor of Terrorism).

90 Presidential Determination No. 2006-14. (리비아의 테러지원국 지정 폐지 증명: Certification on Rescission of Libya's Designation as a State Sponsor of Terrorism).

91 Christopher M. Blanchard, "Libya: Background and U. S. Relations", *CRS Report*, June 19, 2007, p. 12.

92 U.S. State Department briefing, Washington, D.C., May 15, 2006.

93 International herald tribune, July 8, 2006.

94 베트남 전쟁 동안 약 2,300명으로 추산되는 베트남 내 미국인 실종자들의 생사 확인을 위한 미국 내 운동을 말한다.

95 Report to Congressional Committees, "U.S. Vietnam Relations: Issues and Implication", U.S. General Accounting Office April, 1995, pp. 2-3.

96 권경희, "베트남-미국 관계 정상화 과정에 관한 연구(1975~1995)", 〈국제정치논총〉, 1996, 250-252면.

97 권경희, 앞의 논문, 258-260면.

98 권경희, 앞의 논문, 253-256면.

99 Report to Congressional Committees, 앞의 문헌, p. 8.

100 이지현, "북한에 대한 미국의 경제 제재와 '해제프로세스' 전망: 리비아와 베트남 사례가 주는 시사점", 석사논문, 북한대학원대학교. 2008., 67면

101 Memorandum on Lifting the Trade Embargo on Vietnam

102 Report to Congressional Committees, 앞의 문헌, p. 8.
103 59 FR 3124 (1994. 2. 10).
104 https://www.govinfo.gov/content/pkg/PPP-1995-book2/pdf/PPP-1995-book2-doc-pg1073.pdf(검색일: 2023. 9. 28)
105 Report to Congressional Committees, 앞의 문헌, p. 9.
106 강훈상, "[르포] 1979년에 멈춘 시간… '여긴 간첩 소굴' 테헤란 美 대사관", 연합뉴스, 2017. 11. 06. https://www.yna.co.kr/view/AKR20171105062100111(검색일: 2023. 09. 28)
107 Kenneth Katzman, "Iran Sanctions", *CRS Report*, updated July 23, 2020.
108 국방수권법(NDAA)은 다음 회계연도의 국방부 예산 및 지출에 관하여 국방부의 활동, 군사시설 건설, 기타 방위 활동 등을 규정하여 포괄적으로 권한을 행정부에 위임하는 법률이다. 미국 의회는 매년 동 법을 발의, 각각 상하원 통과 후 단일안으로 조정하여 대통령에게 송부하고, 대통령은 이를 받아 서명 후 최종적으로 발효하는 절차를 거치게 된다(전략물자관리원, "이란 제재 개요 [붙임] 미국의 이란 제재", 11면(검색일 2023. 09. 28)}
109 Section 620A of the Foreign Assistance Act, FAA (P.L. 87-95) and Section 40 of the Arms Export Control Act (P.L. 95-92, as amended)
110 the Iran and Libya Sanctions Act(ILSA, P.L. 104-172, signed on August 5, 1996)이었는데, 2006년 리비아 제재가 종료되면서 법명이 변경되었다.
111 Section 102(a) of the CISADA amended Section 5 of ISA
112 Section 201 of the ITRSHRA amends ISA
113 전략물자관리원, 〈국제사회 제재 보고서〉, 2018, 134면.
114 The Iran Freedom Support Act (P.L. 109-293, September 30, 2006) added Section 5(b)(1) of ISA, The Iran Threat Reduction and Syria Human Rights Act (ITRSHRA, P.L. 112-158, signed August 10, 2012) created Section 5(b)(2) of ISA

115 the Iran Threat Reduction and Syrian Human Rights Act, ITRSHRA, P.L. 112-158

116 Joint Comprehensive Plan of Action, JCPOA

117 Joint Plan of Action, JPOA

118 김민욱, "미국의 이란 핵 문제 해결을 위한 '포괄적 공동행동계획' 탈퇴의 법적 근거와 북한에의 시사점", 법무부, 2019, 13-14면.

119 동아일보, "이란 중앙은행 '한국의 이란 동결 자금 해제 완료'", 2023. 08. 13, https://www.donga.com/news/Inter/article/all/20230813/120682375/1(검색일: 2023. 9. 29.)

120 BBC NEWS 코리아, "미국-이란 수감자 맞교환 성사...한국에 동결됐던 원유 수출 대금 8조 원 풀려", 2023. 09. 19. https://www.bbc.com/korean/articles/c04jlmpkg7ro(검색일: 2023. 9. 28)

121 Sec. 5. Suspension of provisions relating to ally of enemy; regulation of transactions in foreign exchange of gold or silver, property transfers, vested interests, enforcement and penalties., Sec. 16. Offenses; punishment; forfeitures of property.

122 31 CFR, part 515

123 22 U.S.C. §§ 6001-6010

124 22 U.S.C. §§ 6021-6091

125 김종혁 외 4인, "미국의 경제 제재 완화 사례 분석", 〈KIEP 기초자료〉 18-26, 대외경제정책연구원, 2018, 1,270-1,271면.

126 22 U.S.C. 2370(a)

127 22 U.S.C. 6003, 6004(d), and 6005

128 31 CFR, part 515

129 15 CFR, parts 730-774

130 January 2015 FACT SHEET: Treasury and Commerce Announce Regulatory Amendments to the Cuba Sanctions(January 2015)

131 Reuters, "U.S., Cuba restoring diplomatic ties after 54 years", https://

www.reuters.com/article/us-cuba-usa-ties-idUSKCN0PB4G320 150701(검색일: 2020년 7월 23일)

132 September 2015 FACT SHEET: Treasury and Commerce Announce Further Amendments to the Cuba Sanctions Regulations (Effective September 21, 2015)

133 October 2016 FACT SHEET: Treasury and Commerce Announce Further Amendments to the Cuba Sanctions Regulations (Effective October 17, 2016); March 2016 FACT SHEET: Treasury and Commerce Announce Significant Amendments to the Cuba Sanctions Regulations (Updated March 15, 2016; January 2016 FACT SHEET: Treasury and Commerce Announce Further Amendments to the Cuba Sanctions Regulations (Effective January 27, 2016)

134 김종혁 외 4인, "미국의 경제 제재 완화 사례 분석", 〈KIEP 기초자료〉 18-26, 대외경제정책연구원, 2018, 1,271면 참조.

135 82 FR 48875

136 Sec. 307. Withholding of United States Proportionate Share for Certain Programs of International Organizations.—(a) Notwithstanding any other provision of law, none of the funds authorized to be appropriated by this chapter shall be available for the United States proportionate share for programs for Burma, Iraq, North Korea, Syria, Libya, Iran, Cuba, or the Palestine Liberation Organization or for projects whose purpose is to provide benefits to the Palestine Liberation Organization or entities associated with it, 460 or at the discretion of the President, Communist countries listed in section 620(f) of this Act.

137 To provide flexibility with respect to United States support for assistance provided by international financial institutions for Burma, and for other purposes. Be it enacted by the Senate and House

of Representatives of the United States of America in Congress assembled,

SECTION 1. INTERNATIONAL FINANCIAL INSTITUTIONS. Upon a determination by the President that it is in the national interest of the United States to support assistance for Burma, the Secretary of the Treasury may instruct the United States Executive Director at any international financial institution to vote in favor of the provision of assistance for Burma by the institution, notwithstanding any other provision of law. The President shall provide the appropriate congressional committees with a written notice of any such determination.

SECTION 2. CONSULTATION AND NOTIFICATION REQUIREMENT. (a) Prior to making the determination contained in section 1, the Secretary of State and the Secretary of the Treasury each shall consult with the appropriate congressional committees on assistance to be provided to Burma by an international financial institution, and the national interests served by such assistance. (b) The Secretary of the Treasury shall instruct the United States Executive Director at each international financial institution that the United States Executive Director may not vote in favor of any provision of assistance by the institution to Burma until at least 15 days has elapsed from the date on which the President has provided notice pursuant to section 1.

138 Mark E. Manyin, "U.S. Sanctions on Burma", *CRS Report*, October 19, 2012.

139 외교부, 〈미얀마 개황〉, 2019. 8. pp. 16-18 참고.

140 KOTRA 해외시장뉴스, "미국, 對 미얀마 경제 제재 완전 해제", 2016년 10월 17일자, https://news.kotra.or.kr/user/globalAllBbs/kotranews/

album/2/globalBbsDataAllView.do?dataIdx=155060&searchNationCd =101077(검색일: 2020년 8월 20일)

141 Mark E. Manyin, "U.S. Restriction on Relations with Burma", *CRS Report*, March 18, 2020.

142 글로벌 마그니츠키법(Global Magnisky Act)은 미국 정부가 전 세계 인권 범죄자인 외국 정부 관리들을 제재하고, 그들의 자산을 동결하며, 미국 입국을 금지할 수 있는 권한을 부여하는 법이다.

143 "안보리, 수단에 범인 인도 촉구 결의안 채택", 조선일보, 1996. 02. 01. https://m.chosun.com/svc/article.html?sname=news&contid=1996020 170109(검색일: 2020년 7월 10일)

144 외교부, 〈2019 에티오피아 개황〉, p. 48 참고.

145 the Export Administration Act of 1979[P.L. 96-72; 50 U.S.C. app. 2405(j)] § 6(j); the Arms Export Control Act(P.L. 90-629; 22 U.S.C. 2780) § 40.

146 the Foreign Assistance Act of 1961(P.L. 87-195; 22 U.S.C. 2371) § 620A; the Foreign Operations, Export Financing, and Related Programs Appropriations Act, 2005(Division D of P.L. 108-447; 118 Stat.3002) § 527; the Millennium Challenge Act of 2003(P.L. 108-199; 22 U.S.C. 7707) § 607; the International Financial Institutions Act(P.L. 95-118; 22 U.S.C. 262p-4q) § 1621; the Bretton Woods Agreements Act Amendments, 1978(P.L. 95-435; 22 U.S.C. 286e-11) § 6 of; the Export-Import Bank Act of 1945[P.L. 79-173; 12 U.S.C.635(b)(1)(B)] § 2(b)(1)(B); 무역법[the Trade Act of 1974(P.L. 93-618; 19 U.S.C. 2462)] § 502. Section 505 of the International Security and Development Cooperation Act of 1985(P.L. 99-83; 22 U.S.C. 2349aa-9)

147 Congressional Research Service, "Sudan: Economic Sanctions", *CRS Report*, 11. Oct. 2005, pp. 8-9.

148 Federal Register/Vol. 83. No. 126(June 29, 2018), p. 3,0539 참고.

149 Congressional Research Service, "Sudan: Economic Sanctions, " *CRS Report*, 2005. 10. 11, p. 9.

150 외교부, "수단 다르푸르 사태 개요", http://www.mofa.go.kr/www/brd/m_3874/view.do?seq=305882&srchFr=&srchTo=&srchWord=&srchTp=&multi_itm_seq=0&itm_seq_1=0&itm_seq_2=0&company_cd=&company_nm=&page=40(검색일: 2020년 7월 16일)

151 Federal Register/Vol. 83. No. 126(June 29, 2018), p. 3,0539 참고.

152 Federal Register/Vol. 83. No. 126(June 29, 2018), p. 3,0540 참고.

153 파리평화협정 제21조 "미국은 본 협정 체결로 베트남민주공화국 또는 인도차이나 국민들과 화해의 시대가 도래하기를 기대한다. 미국은 그 전통적인 정책에 따라 베트남민주공화국과 전 인도차이나의 복구와 전후 재건에 기여한다."

제4장

154 2030 Agenda for Sustainable Development

155 Sustainable Development Goals

156 High-level Political Forum

157 Voluntary National Review

158 최규빈, 홍제환, "북한의 SDGs 이행 동향: 자발적 국별 리뷰(VNR) 보고서 내용을 중심으로", 통일연구원 온라인시리즈 CO21-22, 2021. 7, 3면.

159 DPRK, Democratic People's Republic of Korea Voluntary National Review - On the Implementation of the 2030 Agenda, 2021. pp. 8-10.

160 김동희, 《행정법Ⅱ(제19판)》, 박영사, 2013, 505면; 김홍균, 《환경법(제6판)》, 홍문사, 2022, 10면.

161 맹학균, "녹색 성장과 환경법제의 정비", 법제학술논단, 2010. 7, 109면.

162 환경보전법 제1조 "이 법은 대기오염·수질오염·토양오염·소음·진동 또는 악취 등으로 인한 보건위생상의 위해를 방지하고 환경을 적정하게 보전함으로써 국민보건 향상에 기여함을 목적으로 한다."

163 대한민국 헌법 제35조 제1항 "모든 국민은 건강하고 쾌적한 환경에서

생활할 권리를 가지며, 국가와 국민은 환경보전을 위하여 노력하여야 한다."

164 환경정책기본법 제1조 "이 법은 환경보전에 관한 국민의 권리·의무와 국가의 책무를 명확히 하고 환경정책의 기본 사항을 정하여 환경오염과 환경 훼손을 예방하고 환경을 적정하고 지속가능하게 관리·보전함으로써 모든 국민이 건강하고 쾌적한 삶을 누릴 수 있도록 함을 목적으로 한다."

165 맹학균, 앞의 논문(각주 161), 110면.

166 김동희, 앞의 책, 505-506면; 김홍균, 앞의 책, 11-14면.

167 박균성·함태성, 《환경법》, 박영사, 2019, 35면.

168 한상운, "북한 환경 상태 조사 및 남북 환경 협력사업 개발 연구: 북한 환경법제 입법 동향 및 DB구축(I)", 한국환경정책 평가연구원, 2020, 10-11면.

169 한상운, 앞의 논문, 12면. 당시 북한의 김일성 주석은 "환경보호법을 채택함에 대하여"라는 전문에서, "주체사상을 구현하고 있는 조선민주주의인민공화국 환경보호법은 조선 로동당의 환경보호 정책을 철저히 옹호 관철하여 우리 인민들에게 보다 자주적이며 창조적인 생활환경을 보장하여 주며 후대들에게 더 좋은 생활환경과 풍부한 재부를 물려줄 수 있게 하는 확고한 법적 담보로 된다"라고 밝히면서 그 중요성을 강조하기도 하였다.

170 한상운, 앞의 논문, 7면.

171 1995년 12월 13일 최고인민회의 상설회의 결정 제64호 채택, 2021년 6월 27일 최고인민회의 상임위원회 정령 제631호로 수정 보충.

172 1997년 10월 22일 최고인민회의 상설회의 결정 제99호 채택, 2020년 7월 26일 최고인민회의 상임위원회 정령 제359호로 수정 보충.

173 1998년 5월 27일 최고인민회의 상설회의 결정 제116호 채택, 2005년 12월 13일 최고인민회의 상임위원회 정령 제1437호로 수정 보충.

174 1998년 11월 26일 최고인민회의 상임위원회 정령 제283호 채택, 2006년

2월 1일 최고인민회의 상임위원회 정령 제1532호로 수정 보충.
175 2001년 8월 22일 최고인민회의 상임위원회 정령 제2513호 채택, 2020년 7월 7일 최고인민회의 상임위원회 정령 제351호로 수정.
176 2009년 11월 25일 최고인민회의 상임위원회 정령 제445호 채택, 2013년 7월 24일 최고인민회의 상임위원회 정령 제3292호로 수정 보충.
177 2005년 11월 9일 최고인민회의 상임위원회 정령 제1367호 채택, 2020년 7월 26일 최고인민회의 상임위원회 정령 제359호로 수정 보충.
178 2007년 4월 26일 최고인민회의 상임위원회 정령 제2215호 채택.
179 2008년 9월 23일 최고인민회의 상임위원회 정령 제2897호 채택, 2021년 10월 26일 최고인민회의 상임위원회 정령 제754호로 수정 보충.
180 2011년 8월 29일 최고인민회의 상설임원회 정령 제1837호 채택.
181 2002년 3월 27일 최고인민회의 법령 제12호 채택, 2004년 10월 26일 최고인민회의 정령 제742호로 수정 보충.
182 2002년 11월 27일 최고인민회의 상임위원회 정령 제3436호 채택, 2013년 7월 24일 최고인민회의 상임위원회 정령 제3292호로 수정 보충.
183 2004년 12월 22일 최고인민회의 상임위원회 정령 제867호 채택, 2021년 5월 20일 최고인민회의 상임위원회 정령 제618호로 수정 보충.
184 강원우, "유전자전이생물의 위험성과 그 안정성 보장을 위한 사전통보 등의 절차의 적용에 나서는 몇 가지 법률적 문제", 김일성종합대학학보: 법률 제68권 제1호, 평양: 김일성종합대학출판사, 2018, 92면. 북한은 유전자전이생물의 위험성과 안정성의 담보, 그 한계적 측면에 많은 관심을 기울이고 있는 것으로 파악된다. 또한, 북한 행정처벌법 제175조는 "유전자전이생물안전관리질서를 어긴 자에게는 경고, 엄중경고 처벌, 벌금 처벌 또는 3개월 이하의 무보수로동 처벌을 준다. 정상이 무거운 경우에는 3개월 이상의 무보수로동 처벌 또는 강직, 해임, 철직 처벌을 준다"라고 규정하여 행정적 책임을 명문화하고 있다.
185 2011년 8월 29일 최고인민회의 상임위원회 정령 제1836호 채택, 2011년 12월 21일 최고인민회의 상임위원회 정령 제2052호로 수정.

186 1986년 4월 9일 최고인민회의 법령 제5호 채택, 2021년 4월 30일 최고인민회의 상임위원회 정령 제610호로 수정 보충.
187 2013년 5월 29일 최고인민회의 상임위원회 정령 제3193호 채택.
188 한상운, 앞의 논문, 65-66면.
189 개성공업지구 환경보호 규정은 4장 39개의 조문으로 구성되어 있는 반면, 라선경제무역지대 환경보호 규정은 6장 69개의 조문으로 구성되어 있다.
190 1992년 12월 11일 최고인민회의 법령 제9호 채택, 2021년 8월 24일 최고인민회의 상임위원회 정령 제672호로 수정 보충.
191 한상운, 앞의 논문, 61, 66, 67면.
192 법제처 법제교류협력담당관실, 월간 북한 법제 동향: 북한의 환경법제, 2023. 3, 32면.
193 리경철, "법을 규제력 있게 만드는 데서 나서는 중요한 요구", 김일성종합대학 학보: 력사·법률 제64권 1호, 평양: 김일성종합대학출판사, 2018, 92면. 최근 환경 분야와 관련한 법제정에 대한 북한의 연구에 의하면, "국가의 법체계에 기본법이 있는 것처럼 부문법 체계에도 기본법이 있다"라고 설명하면서, 그 예로 "환경보호 부문의 법률로서 환경보호법, 환경영향평가법, 대동강오염방지법, 바다오염방지법, 국토환경보호단속법 등이 있는데 이 가운데서 부문기본법은 환경보호법이다"라고 하여 환경보호 분야에서의 기본법은 '환경보호법'이라고 강조하고 있다.
194 아래의 K-SDGs에 관해서는 지속가능발전 포털(http://ncsd.go.kr/ksdgs?content=3#ksdgs3)을 참조하여 정리한 것이다(검색일: 2023년 10월 10일).
195 북한인권정보센터, "북한의 SDGs와 인권 연계 프로젝트", 2021, 41면.
196 KEIP, "북한의 지속가능발전목표(SDGs) 이행 성과와 남북 협력 과제", 2021, 13면.
197 DPRK, supra note 3, p. 25.
198 1997년 6월 18일 최고인민회의 상설회의 결정 제86호 채택, 2020년

10월 8일 최고인민회의 상임위원회 정령 제440호로 수정 보충.
199 2009년 11월 25일 최고인민회의 상임위원회 정령 제444호 채택.
200 2009년 12월 10일 최고인민회의 상임위원회 정령 제486호 채택.
201 KEIP, 위의 논문, 15면.
202 UNFCCC, Intended Nationally Determined Contribution of Democratic People's Republic of Korea, 2016; 북한인권정보센터, 위의 논문, 85면.
203 2014년 6월 27일 최고인민회의 상임위원회 정령 제76호 채택, 2020년 11월 26일 최고인민회의 상임위원회 정령 제468호로 수정 보충.
204 북한인권정보센터, 위의 논문 91면; KEIP, 위의 논문, 15면.
205 1997년 10월 22일 최고인민회의 상설회의 결정 제99호 채택, 2020년 7월 26일 최고인민회의 상임위원회 정령 제359호로 수정 보충.
206 DPRK, supra note 3, p. 45.
207 2009년 11월 25일 최고인민회의 상임위원회 정령 제445호 채택, 2013년 7월 24일 최고인민회의 상임위원회 정령 제3292호로 수정 보충.
208 2010년 11월 25일 최고인민회의 상임위원회 정령 제1214호 채택, 2013년 7월 24일 최고인민회의 상임위원회 정령 제3292호로 수정 보충.
209 1998년 5월 27일 최고인민회의 상설회의 결정 제116호 채택, 2005년 12월 13일 최고인민회의 상임위원회 정령 제1437호 수정 보충.
210 1998년 11월 26일 최고인민회의 상임위원회 정령 제283호 채택, 2006년 2월 1일 상임위원회 정령 제1532호로 수정 보충.
211 1995년 12월 23일 최고인민회의 상설회의 결정 제64호 채택, 2021년 6월 27일 최고인민회의 상임위원회 정령 제631호 수정 보충.
212 2005년 11월 23일 최고인민회의 상임위원회 정령 제1396호 채택.
213 2006년 8월 23일 최고인민회의 상임위원회 정령 제1939호 채택.
214 강원우, "공화국환경법률제도의 확립과 그 발전방안", 김일성종합대학 학보: 법률학 제66권 제2호, 평양: 김일성종합대학출판사, 2020, 19-30면.

215 이철수 외 7인,《남북한 통합을 위한 법제도 인프라 확충 방안》, 통일연구원, 2005, 275-276면.
216 임형섭, 김마로, "남북 경협 재개를 위한 국제사회의 대북 제재 법적 검토-개성공단 재개 가능성을 중심으로", 통일과 법률 통권 제35호, 법무부, 2018. 8, 25-27면.

제5장

217 https://m.khan.co.kr/politics/defense-diplomacy/article/202306141501001#c2b
218 대법원 2010년 12월 9일 선고 2007도10121 판결.
219 대한민국 헌법 및 법률 체계상 북한의 지위에 관하여는 헌법 제3조와 제4조의 해석론과 관련하여 다양한 논의가 있으며, 대법원 및 헌법재판소는 북한의 국가성을 부정하는 견해를 취한다고 일반적으로 평가되고 있다. 대법원 2008년 4월 17일 선고 2003도758 전원합의체 판결은 "북한은 조국의 평화적 통일을 위한 대화와 협력의 동반자임과 동시에 적화통일 노선을 고수하면서 우리의 자유민주주의 체제를 전복하고자 획책하는 반국가단체의 성격도 아울러 가지고 있고, 반국가단체 등을 규율하는 국가보안법의 규범력이 상실되었다고 볼 수는 없다"고 판시한 바 있다. 헌법재판소는 "현 단계에 있어서 북한은 조국의 평화적 통일을 위한 대화와 협력의 동반자임과 동시에 대남적화노선을 고수하면서 우리 자유민주주의체제의 전복을 획책하고 있는 반국가단체라는 성격도 함께 갖고 있다"라고 하여 "현 단계에 있어서 북한"이라는 헌법 현실을 고려한 판시를 하고 있다(헌법재판소 1993년 7월 29일자 92헌바48 결정, 헌법재판소 1997년 1월 16일자 92헌바6 결정 등).
또한, 대법원은 "조선인을 부친으로 하여 출생한 자는 남조선과도정부 법률 제11호 국적에 관한 임시 조례의 규정에 따라 조선 국적을 취득하였다가 제헌헌법의 공포와 동시에 대한민국 국적을 취득하였다 할 것이고, 설사 그가 북한법의 규정에 따라 북한 국적을 취득하여 중국 주재 북한 대사관으로부터 북한의 해외 공민증을 발급받은 자라 하더라도 북한 지역 역시 대한민국의 영토에 속하는 한반도의 일부를 이루는 것이어서 대한민국의 주권이 미칠 뿐이고, 대한민국의 주권과 부딪치는 어떠한 국가단체나 주권을 법리상 인정할 수 없는 점에 비추어 볼 때, 그러한 사정은 그가 대한민국 국적을 취득하고 이를 유지함에 있어 아무런 영향을 끼칠 수 없다"(대법원 1996년 11월 12일 선고 96누1221 판결)라고 명시적으로 밝힌 바 있고, 개성공업지구 내에 있는 건물 등에 대한 인도 청구 등 현지 기업 사이의 민사분쟁에 대하여 대한민국 법원이 민사 재판관할권을 가진다고 판단한 바 있다(대법원 2016년 8월 30일 선고 2015다255265 판결). 현지 기업은 북한 법률인 개성공업지구법에 따라 개성에 설립된 기업으로, 양 당사자의 본점 소재지가 모두 북한에 있고 소송상 계쟁물도 북한에 소재하나 대한민국 법원의 민사 재판관할권을 인정하였다.

220 헌법재판소 1996년 10월 4일자 95헌가2 결정은 "남·북한이 1991년 9월 17일 동시에 유엔에 가입하고 또 남·북한의 정부 당국자가 같은 해 12년 13월 소위 남북합의서에 서명하여 이것이 발효되었는 바 이러한 사실들이 위의 결정 내용에 어떠한 영향을 미치는가에 관하여 보건대, 남·북한의 유엔 동시 가입이 곧 남·북한 상호간에 국가 승인의 효력을 발생시켰다고는 볼 수 없다"라고 판시한 바 있다.

221 정인섭,《신국제법강의》제8판, 박영사, 2018, 184면.

222 예를 들어, 우루과이와 아르헨티나의 국경을 이루는 국제 하천과 관련하여 양국이 강의 이용에 관한 조약을 체결하였는데 우루과이가 제지 공장을 건설하는 등 조약을 위반하자, 국제사법재판소(ICJ)는 우루과이의 조약상 절차적 의무 위반을 인정한 바 있다. 다만 조약의 실체적 의무를 위반했다고 볼 수는 없다는 이유로 원상 회복 요구는 받아들이지 않고 의무 위반을 확인하는 판결만 내렸다. Argentina v. Uruguay, 2010 ICJ Reports 14

223 이하의 내용은 도경옥, "헌법상 조약과 남북 관계 발전법상 남북합의서의 이원화 체계의 재검토", 국제법학회논총, 대한국제법학회, 2020, 논문에서 상당 부분을 재인용한 것이다.
224 통일부, 《통일백서 2023》, 2023, 272면.
225 통일원, 《'남북기본합의서' 해설》, 1992, 25-26면.
226 헌법재판소 1997.1.16. 선고 89헌마240 결정; 헌법재판소 1997.1.16. 선고 92헌바6, 92헌바26, 93헌바34, 93헌바35, 93헌바36(병합) 결정
227 대법원 1997년 7월 23일 선고 98두14525 판결
228 도경옥·안준형, 《한반도 평화협정의 법적 쟁점과 과제》, 통일연구원, 2019, 59-66면.
229 이상훈, "남북경협합의서의 법적 성격에 대한 고찰," 법제, 통권 제552호, 2003, 67, 82면.
230 Advisory Opinion, 2004 ICJ Reports 136.
231 '현지 구제 수단 완료의 원칙'이란 피해자의 국적국이 외교적 보호권을 행사하기 위해서는 가해국의 국내 구제 절차를 모두 그리고 성실하게 마쳐야 한다는 국제관습법상 원칙을 말한다.
232 국제사법재판소규정 제36조
2. 재판소 규정의 당사국은 다음 사항에 관한 모든 법률적 분쟁에 대하여 재판소의 관할을, 동일한 의무를 수락하는 모든 다른 국가와의 관계에 있어서 당연히 또한 특별한 합의 없이도, 강제적인 것으로 인정한다는 것을 언제든지 선언할 수 있다.
가. 조약의 해석
나. 국제법상의 문제
다. 확인되는 경우, 국제의무의 위반에 해당하는 사실의 존재
라. 국제의무의 위반에 대하여 이루어지는 배상의 성질 또는 범위
233 정동윤·유병현·김경욱, 《민사소송법》 제9판, 법문사, 2022, 125면.
234 국제사법 제2조(일반원칙)
① 대한민국 법원(이하 "법원"이라 한다)은 당사자 또는 분쟁이 된 사안이

대한민국과 실질적 관련이 있는 경우에 국제재판관할권을 가진다. 이 경우 법원은 실질적 관련의 유무를 판단할 때에 당사자 간의 공평, 재판의 적정, 신속 및 경제를 꾀한다는 국제재판관할 배분의 이념에 부합하는 합리적인 원칙에 따라야 한다.

② 이 법이나 그 밖의 대한민국 법령 또는 조약에 국제재판관할에 관한 규정이 없는 경우 법원은 국내법의 관할 규정을 참작하여 국제재판관할권의 유무를 판단하되, 제1항의 취지에 비추어 국제재판관할의 특수성을 충분히 고려하여야 한다.

235 대법원 2021년 3월 25일 선고 2018다230588 판결, 대법원 2019년 6월 13일 선고 2016다33752 판결 등

236 개성공업지구법에 제2조 제4항에 따른 '현지 기업'은 남한 법률인 '남북교류협력에 관한 법률'에 따른 협력사업의 승인을 받거나 신고의 수리를 받은 남한 주민이 북한 법률인 '개성공업지구법' 제35조 등에 따라 개성공단 내에 창설한 기업이므로, 원칙적인 소재지도 북한에 있다.

237 대법원 2016년 8월 30일 선고 2015다255265 판결.

238 같은 취지에서 서울중앙지방법원도 최근 북한 기업이 대한민국 기업과 거래하는 과정에서 물품 대금을 받지 못했다며 대한민국 법원에 민사소송을 제기한 사건에서 남북한 사이의 섭외적 법률관계는 국제사법의 규정을 유추적용해 재판관할권과 준거법을 정할 수 있다고 하면서, 대한민국 법원의 재판관할권을 인정하였다(서울중앙지방법원 2021년 4월 6일 선고 2019가단5195128 판결).

239 정인섭, 《신국제법강의》 제8판, 박영사, 2018, 243면.

240 이외에도 1979년 싱가포르, 1982년 캐나다, 1985년 호주, 2009년 일본 등이 주권면제론을 국내법으로 법제화하였다.

241 대법원 1975년 5월 23일자 74마281 결정. 대법원 1998년 12월 17일 선고, 97다39216 전원합의체 판결로 변경됨.

242 다만, 대한민국 법원이 대한민국 헌법 및 법률 체계의 입장과 다르게 북한을 주권국가로 인정하여 주권면제론 적용 여부를 검토할 가능성

243 정인섭, 같은 책, 255면.

244 대법원 1998년 12월 17일 선고, 97다39216 전원합의체 판결.

245 2004년 12월 2일 유엔 총회에서 채택되었으나 동 협약 제30조에서 요구하는 수의 국가만큼 비준이 이루어지지 않아 발효되지 못하고 있다.

246 대구고등법원 1968년 3월 7일 선고 68라4 판결도 "불법행위에 인한 손해배상 청구에 있어서 불법행위지의 특별재판적과 피고(항고인)의 보통재판적에 법원 관할이 있다 할 것이나 한편 위 소송은 재산권에 관한 소로서 거소지 또는 의무이행지의 법원에도 제기할 수 있는 것이며 불법행위에 인한 손해배상 채무는 별다른 약정이 없는 한 채권자의 주소지에 변제하여야 할 것이므로 채권자의 주소지 법원에 그 관할권이 있다"고 판단한 바 있다.

247 김동식 목사 사건의 1심에서는 외국주권면제법의 적용을 부정하였으나, 항소심에서 외국주권면제법의 적용을 인정하여 북한에 손해배상 책임을 인정하였다.

248 서울중앙지방법원 2020년 7월 7일 선고 2016가단5235506 판결, 서울중앙지방법원 2022년 8월 23일 선고 2020가단5256869 판결, 서울중앙지방법원 2021년 3월 25일 선고 2020가단5306603 판결

249 대법원에 2023. 5. 22.자로 2023다237361호 사건으로 접수되어 현재 심리가 진행 중이다.

250 함지하, "미 법원, 웜비어 5억 달러 판결문 북한 송달 공식 인정…'반송 전 접수 사실 확인'", 미국의소리 2019년 4월 11일자 기사(https://www.voakorea.com/a/4870241.html(검색일: 2023년 10월 13일)

251 함지하, "일본 적군파 테러 피해자 북한 소송 난항…'소장 송달 방법 모색 중'", 미국의소리 2023년 5월 25일자 기사(https://www.voakorea.com/a/7107838.html(검색일: 2023년 10월 13일); 함지하, "미 국무부 '대북 소장 송달 방법 모색 중'…북한 '헤이그 협약국 아냐'", 미국의소리 2023년 6월 13일자 기사(https://www.voakorea.com/a/7134098.html(접속일: 2023년 10월 13일)

252 다만, DHL은 2020년부터 유엔이 아니거나 외교 목적이 아닌 우편물에 대한 북한 내 서비스를 중단한 것으로 알려졌다.
253 법원행정처, 《법원실무제요 민사소송 II》, 박영사, 2017, 1,069면.
254 민사소송법 제150조(자백간주) ① 당사자가 변론에서 상대방이 주장하는 사실을 명백히 다투지 아니한 때에는 그 사실을 자백한 것으로 본다. 다만, 변론 전체의 취지로 보아 그 사실에 대하여 다툰 것으로 인정되는 경우에는 그러하지 아니하다. ② 상대방이 주장한 사실에 대하여 알지 못한다고 진술한 때에는 그 사실을 다툰 것으로 추정한다. ③ 당사자가 변론기일에 출석하지 아니하는 경우에는 제1항의 규정을 준용한다. 다만, 공시송달의 방법으로 기일통지서를 송달받은 당사자가 출석하지 아니한 경우에는 그러하지 아니하다.
255 미국 법원에서 진행된 북한을 상대방으로 한 손해배상 청구 소송에 관하여는 김세진, "미국법원 결정에 따른 북한 자산 압류 현황과 북·미간 외교적 해결 방안으로서의 국제협정 체결 절차에 관한 미국법 연구", 한국법제연구원, 2022. 참조.
256 미국에서의 궐석 판결(default judgement)은 피고가 소장을 적법하게 송달받고도 기간 내에 답변하지 않을 때에 원고의 궐석 판결 신청(entry of default)에 의하여 진행되는 절차이다. 그러나 우리나라 민사소송법 제257조에 의한 '무변론 판결'이 변론 없이 이루어지는 것과 달리, 미국의 궐석 판결은 궐석 재판 여부를 결정하기 위한 심문(proof hearing 또는 default judgement hearing)이 진행되고 해당 절차에서 원고가 손해배상의 범위(damages)를 법원에 입증해야 한다는 점에서, 우리나라의 '공시송달 제도를 통한 판결'과 더 유사하게 진행된다. 미국 법원에서 선고된 판결 중 Doe v. Democratic People's Republic of Korea Ministry of Foreign Affairs Jungsong-Dong (414 F.Supp.3d 109), Cynthia WARMBIER, et al., Plaintiffs, v. Democratic People's Republic of Korea (356 F.Supp.3d 30; 2018 WL 6735801), Kaplan v. Central Bank of the Islamic Republic of Iran (896 F.3d 501), Han KIM, et al., Plaintiffs,

v. Democratic People's Republic of Korea, et al., Defendants. (87 F.Supp.3d 286), Mega International Commercial Bank Co. Ltd. v. Foreign Trade Bank of the DPR Korea (Case No. 10-civ-0320) 등은 default judgement를 통하여 원고의 청구를 인용하였다.

257 민사소송법 제162조(소송기록의 열람과 증명서의 교부청구) ② 누구든지 권리구제·학술연구 또는 공익적 목적으로 대법원규칙으로 정하는 바에 따라 법원사무관 등에게 재판이 확정된 소송기록의 열람을 신청할 수 있다. 다만, 공개를 금지한 변론에 관련된 소송기록에 대하여는 그러하지 아니하다.

258 민사소송법 제163조의2(판결서의 열람·복사) ① 제162조에도 불구하고 누구든지 판결이 선고된 사건의 판결서(확정되지 아니한 사건에 대한 판결서를 포함하며, '소액사건심판법'이 적용되는 사건의 판결서와 '상고심절차에 관한 특례법' 제4조 및 이 법 제429조 본문에 따른 판결서는 제외한다. 이하 이 조에서 같다)를 인터넷, 그 밖의 전산정보처리시스템을 통한 전자적 방법 등으로 열람 및 복사할 수 있다. 다만, 변론의 공개를 금지한 사건의 판결서로서 대법원 규칙으로 정하는 경우에는 열람 및 복사를 전부 또는 일부 제한할 수 있다.

259 법원행정처, 《법원실무제요 민사소송 II》, 박영사, 2017, 918면.

260 다만, 피고로서는 항소기간 내에 항소를 제기할 수 없었던 것이 자신이 책임질 수 없었던 사유로 인한 것임을 주장하여 그 사유가 없어진 후로부터 2주일(피고가 외국에 있을 때는 30일) 내에 추완항소를 제기할 수 있다. 여기서 그 사유가 없어진 때라 함은 피고가 당해 사건기록을 열람을 하는 등의 방법으로 제1심판결 정본이 공시송달의 방법으로 송달된 사실을 안 때를 의미한다(대법원 1994. 10. 21 선고 94다27922 판결).

261 대법원 2018년 7월 19일 선고 2018다22008 전원합의체 판결.

262 대법원에 2023년 5월 22일자로 2023다237361호 사건으로 접수되어 2023년 10월 11일 현재 심리가 진행 중이다.

263 VOA 뉴스, "웜비어 부모, 북한 자산 회수 노력 지속…최근 24만 달

러 승소", 2022년 1월 25일자 언론 기사, https://www.voakorea.com/a/6410753.html(검색일: 2023년 10월 13일)

264 VOA 뉴스, "미 재무부 '동결 북한 자산 3, 169만 달러'…미 은행 예치 북한 자금, 해외 대북 제재 위반 자금 추정", 2021년 9월 9일자 언론 기사, https://www.voakorea.com/a/6217729.html(검색일: 2023년 10월 13일)

265 VOA 뉴스, "'북한 암호화폐 자산' 공개 요구…법원 '승인'", 2023년 5월 5일자 언론 보도, https://www.youtube.com/watch?v=A5z1ORQayLk (검색일: 2023년 10월 13일)

266 조문정, "암호화폐 거래소와 협력… 美재무부, 북한 범죄자금 440만 달러 압류", 뉴데일리, 2023년 5월 26일자 언론기사, https://www.newdaily.co.kr/site/data/html/2023/05/26/2023052600173.html(검색일: 2023년 10월 13일)

267 각 사건의 경과는 김세진, "미국법원 결정에 따른 북한 자산 압류 현황과 북·미 간 외교적 해결 방안으로서의 국제협정 체결 절차에 관한 미국법 연구", 한국법제연구원, 2022, 30면 이하에서 재인용.

268 https://www.gao.gov/assets/gao-21-105306.pdf 참조

국제적 관점에서 본 통일법제 이해

1판 1쇄 인쇄 _ 2024년 5월 14일
1판 1쇄 발행 _ 2024년 5월 20일

지은이 _ 임형섭
펴낸이 _ 이형규
펴낸곳 _ 프라미스

주소 _ 서울특별시 종로구 이화장길 6
편집부 _ 745-1007, 745-1301~2, 743-1300
영업부 _ 747-1004, FAX 745-8490
본사평생전화번호 _ 0502-756-1004
홈페이지 _ http://www.qumran.co.kr
E-mail _ qrbooks@daum.net / qrbooks@gmail.com
한글인터넷주소 _ 쿰란, 쿰란출판사
페이스북 _ www.facebook.com/qumranpeople
등록 _ 제300-2008-17호(2008.2.22)
책임교열 _ 이화정·최진희

© 임형섭 2024 ISBN 978-89-93889-27-7 93230

책값은 뒤표지에 있습니다.
이 출판물은 저작권법에 의해 보호를 받는 저작물이므로 무단 복제할 수 없습니다.
파본(破本)은 구입처에서 교환해 드립니다.